दत्तमाला मंत्रसाधना के अंतरंग में

श्री गुरूजी

Made with ♥ on the Notion Press Platform
www.notionpress.com

यह पवित्र ग्रंथ परम करुणामयी भगवान दत्तात्रेय, हमारे सद्गुरु एवं उन सिद्ध महात्माओं के श्रीचरणों में कोटि-कोटि प्रणाम सहित समर्पित है, जिनकी असीम कृपा, संरक्षण और दिव्य मार्गदर्शन से यह ज्ञान प्राप्त हुआ।

उन गुरुजनों की कृपा ही साधक के जीवन का वास्तविक प्रकाश है, जो अज्ञान के अंधकार को दूर कर आत्मज्ञान का दीप प्रज्वलित करती है। उनके बिना साधना केवल प्रयास रह जाती है, परंतु उनकी कृपा से वही साधना सिद्धि का रूप ले लेती है।

यह समर्पण उन सभी साधकों को भी, जो श्रद्धा, निष्ठा और समर्पण के साथ इस पवित्र मार्ग पर अग्रसर हैं, और जो अपने जीवन को साधना के माध्यम से दिव्यता की ओर ले जाना चाहते हैं।

ईश्वर से यही प्रार्थना है कि यह ज्ञान प्रत्येक साधक के जीवन में शांति, शक्ति और आत्मबोध का प्रकाश फैलाए।

क्रम-सूची

प्रस्तावना

भारतवर्ष अनादि काल से विविध आध्यात्मिक परंपराओं, साधना मार्गों और देवोपासना की समृद्ध धारा का केंद्र रहा है। यहाँ हर एक साधना पद्धति अपने भीतर एक विशिष्ट दर्शन और अनुभव को समेटे हुए है। इन सभी मार्गों के मध्य एक ऐसा अद्वितीय, सर्वसमावेशी और समन्वयी पंथ विद्यमान है,दत्त संप्रदाय। इस संप्रदाय के अधिष्ठाता भगवान दत्तात्रेय न केवल ६४ तंत्रों के आदिगुरु माने जाते हैं, बल्कि समस्त आध्यात्मिक परंपराओं के मूल प्रेरणास्रोत भी हैं।

दत्तात्रेय परंपरा की विशेषता यह है कि यह किसी एक सीमित साधना तक बंधी नहीं, बल्कि अनेक मार्गों को अपने भीतर समाहित करती है। भारत की विविध परंपराओं में, किसी न किसी रूप में, इस दिव्य परंपरा की छाया अवश्य दृष्टिगोचर होती है। इसी महान परंपरा में दत्तमाला मंत्र की उपासना एक अत्यंत महत्वपूर्ण और सिद्ध साधना के रूप में प्रतिष्ठित है।

यद्यपि यह साधना अत्यंत प्राचीन और प्रभावशाली है, तथापि समय के प्रवाह में इसके अनेक सूक्ष्म रहस्य, गूढ़ क्रियाएँ और शास्त्रीय विधियाँ धीरे-धीरे लुप्तप्राय हो गईं। परिणामस्वरूप, आज अनेक साधक केवल मंत्र-जप तक सीमित रह जाते हैं और अपेक्षित फल की प्राप्ति से वंचित रहते हैं। वस्तुतः दत्तमाला मंत्र की साधना केवल जप नहीं, बल्कि मुद्रा, माला, नियम, आचरण और आंतरिक शुद्धता का समन्वित विज्ञान है।

यह उपासना केवल भौतिक लाभों की प्राप्ति हेतु नहीं, बल्कि सद्गुरु की कृपा, आत्मबोध और दत्त तत्व के साक्षात्कार की दिशा में एक सशक्त माध्यम है। शास्त्रोक्त विधि से, श्रद्धा और समर्पण के साथ संपन्न यह साधना साधक को न केवल तांत्रिक एवं आध्यात्मिक सिद्धियों की ओर अग्रसर करती है, बल्कि उसे उच्च चेतना के अनुभव तक भी पहुँचाती है।

अनेक सिद्ध महात्माओं ने इसी साधना के माध्यम से दत्त अवस्था को प्राप्त किया है। अतः यह आवश्यक है कि साधक इस मार्ग को केवल आस्था से नहीं, बल्कि सम्यक् ज्ञान और विधिपूर्वक अपनाएँ।

यह ग्रंथ उसी उद्देश्य की पूर्ति हेतु समर्पित है कि साधक दत्तमाला मंत्र की वास्तविक पद्धति, उसके गूढ़ रहस्य और उसके दिव्य फल को समझकर अपनी साधना को सार्थक बना सकें।

अवधूत चिंतन श्री गुरुदेव दत्त

भूमिका

अब तक हमें अनेक ऐसे महात्माओं का सान्निध्य प्राप्त हुआ है, जिन्होंने "दत्त माला मंत्र" की गहन उपासना करके उच्च आध्यात्मिक अनुभव प्राप्त किए हैं। गुरु कृपा से हमें इन महात्माओं से मिलने का अवसर मिला, और उनकी साधना पद्धतियों के साथ-साथ दत्त माला मंत्र के अनेक गूढ़ रहस्यों का ज्ञान भी प्राप्त हुआ। इस पुस्तक को लिखने का मुख्य उद्देश्य यही है कि, जो दिव्य ज्ञान हमें गुरुजनों और महात्माओं की कृपा से मिला, वह प्रत्येक साधक तक उसी शुद्ध रूप में पहुँचे।

इस ग्रंथ में आपको दत्त माला मंत्र की साधना से जुड़े अनेक रहस्य, विधियाँ और ऐसे सूक्ष्म तत्वों की जानकारी मिलेगी, जिन्हें सामान्यतः साधक जानते तो हैं, पर उनके गहरे अर्थ से अनभिज्ञ रहते हैं। जब इन्हीं महात्माओं के अनुभव और उनके शब्दों के माध्यम से यह ज्ञान आप तक पहुँचेगा, तो न केवल आपकी समझ में वृद्धि होगी, बल्कि आपकी साधना भी अधिक प्रभावशाली और सिद्धिप्रद बनेगी।

शास्त्रों में कहा गया है, **"श्रद्धावान् लभते ज्ञानम्"**, अर्थात श्रद्धा ही वह आधार है, जो ज्ञान की प्राप्ति और आत्मोन्नति का मार्ग प्रशस्त करती है। इसलिए आप इस ग्रंथ का अध्ययन पूर्ण श्रद्धा, विश्वास और समर्पण के साथ करें। हमें विश्वास है कि ऐसा करने पर यह ज्ञान आपके जीवन में सकारात्मक परिवर्तन लाएगा और आपकी साधना को नई ऊँचाइयों तक पहुँचाएगा।

आमुख

परमहंस परिव्राजकाचार्य श्रीमद वासुदेवानंद सरस्वती स्वामी महाराज के, आशीर्वाद से

॥ दत्तमाला मंत्रसाधना के अंतरंग में ॥

श्री गुरूजी

1

तिब्बतीय प्राचीन परंपरा

तिब्बत ये प्राचीन और अध्यात्मिकता से जुडी ऐसी पवित्र भूमी है। जहां के अनेक रहस्य आज भी सामान्य जन-मानस के सामने उजागर नहीं हो पाए हैं। तिब्बत की भूमी ने आज भी अनेक रहस्य अपने अंदर छुपाये है, जो जान लेने से अनेक प्रकार का दिव्य ज्ञान साधको तक पोहोंच सकता है।

तिब्बतीय भूमि की और एक महत्वपूर्ण रहस्यमय बात है। यहाँ हजारों-लाखों सालों से बसने वाले दिव्य संप्रदाय और परंपराओं के माध्यम से अध्यात्मिक परंपराएँ निरंतर चलती आ रही हैं।

तिब्बतीय भूमी में कुछ ऐसे दिव्य और अनोखी अद्‌भुत तरंगे है, जो साधको को और सिद्‌ध योगियों को भी अपने ओर आकृष्ट करती है। साथ में यहाँ पर की हुई साधना भी आपको ऐसे अंतर जगत के गुढ रहस्यों तक ले जाती है। जिसकी सामान्य जन-मानस में कभी किसी ने कल्पना भी नहीं की होगी।

शंभाला हो या ज्ञानगंज जैसे गुप्त अध्यात्मिक मठ हो, इन सब चीजों का जिक्र जब सामान्य जनमानस में आता है। तो बार-बार तिब्बत का जिक्र भी वहाँ आता है और इन परंपराओं का गुढ़ एक तरीके से बढ़ता है।

हमारे गुरुदेव की कृपा से अनेक सालों तक हमें ऐसे अनेक तिब्बतीय संप्रदायों के मठों में रहने का अवसर मिला। अनेक प्रकार के महानुभावो से अनेक प्रकार की साधना सीखने को मिली और ऐसी ही साधना में अनेक दिव्य महात्माओं के अनुभव और उनकी क्रिया का विज्ञान प्राप्त हुआ। ऐसे अनेक रहस्य हैं, जो उनसे जानने को मिले। उन सभी प्रकार के रहस्य का वर्णन पुस्तिका में हमने किया है।

ये मात्र ज्ञान या सिर्फ जानकारी नहीं है। अपितु उन अनेक महात्माओं कि तपस्या का ये एक प्रकार से ऐसा सार है। जो जानने से साधना के अनेक रहस्य

साधकों के सामने उजागर होंगे। इसके साथ में ही उन महात्माओं ने अनेक साधना के प्रयोग वहा पे बताये जिसके बारे में आपको यहा पे जानकारी प्राप्त होगी। इसलिये ये पुस्तक आपको उन सिद्‌ध साधको की अध्यात्मिक यात्रा का दर्शन कराएगा जो अनुभव आपकी साधना में मार्गदर्शक सूत्र बनेंगे। तो उनसे प्राप्त रहस्य आप तक पहुँचाने का कार्य गुरुकृपा से हम करने जा रहे है।

2

दत्तमाला मंत्र की प्राचीन परंपरा

दत्तमाला मंत्र आज भी दत्त संप्रदाय में तथा अवधूत संप्रदाय में भी अत्यंत महत्त्वपूर्ण है। भगवान दत्तात्रेय की इस दिव्य मंत्र की साधना जैसे अभी होती है, वैसे ही हजारों सालो से होती आ रही है। इस मंत्र के सिद्धी का एक महत्त्वपूर्ण रहस्य ये भी है, की हजारों सालों से अनेक सिद्ध महात्माओं ने इस दिव्य मंत्र की साधना करके विशेष एसी शक्ती मंत्र में जागृत की है। इसलिये आज भी ये दिव्य मंत्र ऐसा परिणाम दिखाता है, क्योंकि इस मंत्र को अनेक ऋषीमुनियों का आशीर्वाद प्राप्त है। इस मंत्र के अगर इतिहास में जाए तो यह मंत्र अत्यंत प्राचीन परंपरा से आता है। तिब्बत की भूमि हो या फिर हिमालयी गुप्त मठों की परंपराएँ हों। उन सब संप्रदायों में इसका एक बड़ा अनोखा और अनन्य साधारण महत्त्व हमें देखने को मिलता है।

पराशर आदी जो ऋषीगण पूर्व जमाने में सिद्ध अवस्था में पहुंचे। साथ में ही जिन ऋषियोंने घोरतपश्चर्या करके सात्विक ज्ञान भूमिका को हासिल किया उन सभी महात्माओं, उन सभी ऋषियोंने अपने-अपने विशेष ऐसे आश्रम अनेक स्थानों पर निर्माण किए है। जो इस भौतिक जगत में नहीं है। वहाँ की शिक्षा और दीक्षा को हर तरीके से गुप्त रखा गया। उसमें होने वाली अनेक प्रकार की साधनाये और अनेक प्रकार की क्रियाओं को भी सामान्य जन-मानस से गुप्त रखने का कार्य किया गया। ऐसी ही दिव्यतम परंपरा और विशेष तरीके की साधना पद्धति का एक महत्त्वपूर्ण अंग है दत्तमाला मंत्र।

इन दिव्य परंपराओं और पवित्र मठों में योग्य साधकों को अद्‌भुत आध्यात्मिक विज्ञान की दिव्य दीक्षा प्रदान की जाती है। इन रहस्यमयी क्रियाओं के तत्व को जानने और परम उच्चतम आध्यात्मिक अनुभूति तक पहुँचाने वाली साधना ही **'दत्तमाला मंत्र साधना'** है।

ऐसे अनेक प्रकार के गुप्त मठो में ज्ञान गंज मठ का नाम बहुत सारे साधकों ने सुना होगा। जिसे लोग शंभाला के नाम से भी जानते हैं। शंभाला या ज्ञानगंज ये कोई एक किवदंती या फिर एक कहानी मात्र नहीं है। अपीतू ज्ञान प्राप्ती की ऐसी सिद्‌ध भूमी है। जहाँ पर दुनिया का श्रेष्ठतम ज्ञान और विज्ञान का मठ आज भी मौजूद है।

भगवान दत्तात्रेय की कृपा और करुणा से अनेक सिद्‌ध योगी उस मठ में जाकर शिक्षा ग्रहण करके आए हैं। इसके साथ में ऐसे अनेक आठ से दस सिद्‌ध मठ अनेक जगहों पर विद्‌यमान हैं।

ऐसी ही एक दिव्य मठ की साधना परंपरा के सर्वश्रेष्ठ मंत्र की अगर बात करे तो वो है, दत्तमाला मंत्र साधना। तो जो साधक सच में विज्ञान और ग्यान के बारे में जानना चाहते हैं। उन्होने दत्तमाला मंत्र की साधना करनी चाहिए। यहा पर हम विज्ञान अर्थात भौतिक विज्ञान के बारे में बात नही कर रहे है। अपीतू सूर्य विज्ञान हो चंद्र विज्ञान हो या फिर वायु विज्ञान हो क्षणविद्‌यान हो आदी प्रकार के विज्ञान का जिस साधना प्रणाली से ज्ञान प्राप्त होता है, उस साधना प्रणाली को ही विज्ञान कहा जाता है। ये एक तरीके से हमारे सामान्य मानवीय जीवन की सर्वश्रेष्ठ एसी योग्यताओं को प्राप्त करने का ही एक साधन है। इसलिए **"दत्तमाला मंत्र"** अपने आप में ही अत्यंत दिव्य और असाधारण है। इसकी साधना के माध्यम से साधक को सूर्य विज्ञान, चंद्र विज्ञान जैसे गूढ़ आध्यात्मिक ज्ञान की अनुभूति होती है। **"साधारण साधक को भी उच्चतम चेतना की अवस्था तक ले जाना ही दत्तमाला मंत्र साधना का परम उद्‌देश्य है"।**

3

विद्‌यान का रहस्य

अक़सर 'विज्ञान' शब्द सुनते ही मन भौतिक जगत, तकनीक और बाहरी विकास की ओर आकर्षित हो जाता है, परंतु यहाँ जिस 'विज्ञान' की चर्चा हो रही है, वह इन सीमाओं से कहीं परे, अत्यंत सूक्ष्म और दिव्य है। दत्तमाला मंत्र के संदर्भ में यह किसी उपकरण या आविष्कार का ज्ञान नहीं, बल्कि उस परम चेतन तत्व का बोध है, जिसके संकल्प से यह संपूर्ण सृष्टि संचालित होती है। यही दिव्य विज्ञान पंचमहाभूतों पृथ्वी, जल, अग्नि, वायु और आकाश के सूक्ष्म संतुलन और उनके आंतरिक नियंत्रण की शक्ति का रहस्य खोलता है। जब साधक इस साधना में लीन होता है, तब वह बाहरी ज्ञान की सीमाओं से ऊपर उठकर अपने भीतर स्थित उस अदृश्य शक्ति का अनुभव करता है, जो सृष्टि के मूल में प्रवाहित है। इसी अनुभव से साधक की चेतना विस्तार पाती है और वह परम सत्य के साक्षात्कार की ओर अग्रसर होता है।"

"विज्ञान अर्थात दिव्य ज्ञान जिसके माध्यम से सृष्टी चलती है उस शक्ति का नाम है विज्ञान"।

हमारे तंत्रशास्त्र में या पुराणो में भी विशेष प्रकार के विज्ञान का स्पष्ट निर्देश है। "भौतिक जगत के साथ-साथ जब आध्यात्मिक चेतना के माध्यम से संपूर्ण ब्रह्मांड का संचालन और संतुलन स्थापित होता है, तब उस नियंत्रक दिव्य शक्ति को ही 'विज्ञान' कहा जाता है।"

हमारे शास्त्रो में, पुराणों में, वेदो में भी विशेष प्रकार के ऐसे अनेक विज्ञान का वर्णन आया है। जैसे की सूर्य विज्ञान, चंद्र विज्ञान, वायू विज्ञान इसके साथ में प्राण विज्ञान की भी एक विशेष शाखा है। इन सभी प्रकार के विज्ञान के विशेष प्रकार की धारणा विशेष प्रकार की सिद्‌धी योगी के पास होती है। और इसी प्रकार का जो

विशिष्ट ज्ञान है, वो योग साधना से तथा दत्तमाला मंत्र की साधना से प्राप्त होता है।

इसलिये योगी जो भी अनेक प्रकार की शक्ति का संचालन करते है। जैसे की हवा के माध्यम से शुन्य मार्ग से आना जाना वस्तू को कही से भी कही पे प्रगट करना। इसीके साथ में इच्छित मनोकामना तत्काल पूर्ण कर देना। एक साथ अनेक देहो का धारण करना एक साथ अनेक स्थानों पर कार्य करना इसके साथ में एक स्थान से दुसरे स्थान में पलक झपकते ही निकल जाना, आदी तमाम प्रकार की चमत्कारिक विद्‌याए इसी विज्ञान के अंतर्गत आती है। परकाया प्रवेश या फिर तृतीय नेत्र जागृती हो। ये सब उच्चतम विज्ञान वित योगी के ही विशेष एसी शक्ती का उत्कर्ष समझना चाहिये।

इसलिये दत्त संप्रदाय में साधना के साथ ही ज्ञान और विज्ञान की भी चर्चा अनेक जगहों पर दिखाई देती है। तो यही विज्ञान को प्राप्त करने का रहस्य दत्तमाला मंत्र में दिया गया है।

4

तिब्बतीय दिव्य यात्राए

तिब्बत में आज भी अनेक ऐसे गुप्त संप्रदाय है, जो साधको को ज्ञान विज्ञान और अध्यात्म की संपूर्ण साधना प्रणाली प्रदान करते है। हमारे गुरुदेव कि कृपा से ऐसे अनेक प्रकार के संप्रदाय से हमारा घनिष्ठ संबंध रहा। इन मठों की और एक महत्त्वपूर्ण विशेष बात है कि यहा पे केवल पुस्तकीय ज्ञान नही प्राप्त होता। अपितु हर चीज की व्याख्या प्रत्यक्षिकरण विशेष साधना आदी प्रत्यक्ष रूप से कराई जाती है। उन सभी गुरुओ का उन सभी प्रकार के महानुभाव और योगीयो का हम पर अत्याधिक उपकार है, जिन्होंने हमें ऐसे ज्ञान को प्रदान किया और साथ में ही अनेक रहस्य प्रत्यक्ष स्वरूप से दिखाए ।

5

परकाया प्रवेश वाले ओम बाबाजी

हमें आज भी याद है वो दिन जब हमें हमारे गुरुदेव ने एक विशेष तिब्बतीय मठ में भेजा। जहाँ पर हमे विशिष्ट साधना करनी थी। एक सप्ताह के लंबे यात्रा के बाद हम उस जगह पर पोहोंचे जहाँ पर हमें साधना करनी थी। तिब्बत में ऐसी साधनाओं के लिए विशेष जगह सुनिश्चित की गई है। आपको जिस भी तरीके की साधना करनी हो वहा पर अलग से ऐसे कक्ष है, अलग से एसे उपाय है जहा पर आप उस विशिष्ट साधना को कर सकते हो। उस साधना के लिए सुयोग्य यंत्र आदी अनेक तांत्रिक चीजे वहा पर पेहले से ही विद्यमान होती है और उस संप्रदाय की उस विशेष साधना प्रणाली की संपूर्ण जिम्मेदारी एक विशेष आचार्य के उपर होती है। वहाँ पर आने वाले साधक ठीक से साधना कर रहे हैं या नहीं कर रहे हैं? वहापर आने वाले साधको को सब चीजे ठीक से मिल रही है या नही मिल रही आदि चीजे देखने के लिए आचार्य के अपने शिष्यगण भी होते है। ऐसी जगह पर जाकर विशेष साधना करना अपने आप में एक विशेष अनुभव है।

हम ऐसे ही एक गुफा में गए, वहाँ अंदर जाते ही एक दिव्य गंध आ रही थी। हमने जैसे ही अंदर प्रवेश किया, हमें विद्युत ऊर्जा का आभास हुआ। वहाँ पहले से ही लगभग ४०-५० साधक साधना में लीन थे। स्थान इतना विशाल था कि १०० साधक भी एक साथ सहज बैठ सकते थे। वहाँ पहुँचते ही आचार्य के शिष्यों ने हमें एक विशेष रास्ता दिखाया। उस रास्ते से आगे बढ़ते हुए हम एक ऐसे स्थान पर पहुँचे, जहाँ हमें कुछ समय विश्राम करने के लिए कहा गया।

इसके पश्चात हमने लगभग दो-तीन घंटे विश्राम किया। फिर हमारे लिए भोजन की व्यवस्था की गई, और उसके बाद हम अन्य प्रधानाचार्यों से मिले। उन्होंने हमें साधना के बारे में और हमारी यात्रा के बारे मेंकई प्रश्न पूछे। हाला की हम उनसे पहली बार मिल रहे थे, फिर भी उन्होंने हमारे जीवन से जुड़ी अनेक बातें बड़ी सहजता से प्रकट कीं। उन्होंने हमारे साथ आए चारों साधुओं के नाम भी स्पष्ट रूप से बताए। आश्चर्य यह था कि रास्ते में हमने जिन विषयों पर चर्चा की थी, इस स्थान की परंपरा क्या होगी, वहाँ के आचार्य कौन होंगे और उनकी साधना का स्वरूप कैसा होगा,उन सभी प्रश्नों का उत्तर उन्होंने अपने ही संभाषण में दे दिया। उस क्षण ऐसा अनुभव हुआ मानों कोई सूक्ष्म दिव्य चेतना सब कुछ जानकर हमारे समक्ष प्रकट हो रही हो। उस समय तक हमें उनका नाम भी ज्ञात नहीं था, फिर भी वे हमारे विषय में एक-एक बात ऐसे कह रहे थे मानों पेहले से हमारे साथ ही रहे हों। उनके वचनों में एक अद्भुत दिव्य शक्ति और गहन ज्ञान की अनुभूति हो रही थी,जैसे उनकी चेतना हमारे अंदर तक सहज पहुँच रही हो। उसी क्षण हमें उनके आध्यात्मिक सामर्थ्य का सूक्ष्म आभास हुआ। इस अनुभव ने हमें भीतर से स्तब्ध कर दिया। हम चारों के मन में श्रद्धा के साथ एक हल्का सा विस्मय और भय भी जाग उठा।

इसके पश्चात आचार्य ने हमें एक दिव्य मंत्र की दीक्षा प्रदान की और उसके माध्यम से एक विशिष्ट साधना का मार्ग बताया। यह साधना लगभग इक्कीस दिनों की थी, जिसमें हमें मठ में ही रहकर पूर्ण समर्पण, अनुशासन और एकाग्रता के साथ साधना करने का निर्देश दिया गया। उन्होंने विशेष रूप से कहा कि इस अवधि में मन, वचन और कर्म से पूर्णतः साधना में स्थित रहना ही सफलता का आधार है।

इन इक्कीस दिनों की साधना हमारे लिए मात्र एक अभ्यास नहीं रही, बल्कि यह एक गहरी आंतरिक यात्रा का अनुभव बन गई। हर दिन के साथ हमारी चेतना अधिक सूक्ष्म होती गई और भीतर एक अद्भुत शांति तथा स्थिरता का अनुभव होने लगा। साधना के दौरान अनेक प्रकार की दिव्य अनुभूतियाँ प्राप्त हुईं ।

इसके बाद आचार्य के दर्शन के लिए हम चले गए। तभी हमें ज्ञात हुआ कि आचार्य पिछले सात दिनों से गहन समाधि अवस्था में लीन थे। हमें यह भी बताया गया कि जब तक वे समाधि से बाहर आकर हमें आगे का मार्गदर्शन नहीं देते, तब तक हमें पूर्ण मौन में स्थित रहना होगा। हम लगभग चार-पाँच घंटों तक उनकी प्रतीक्षा में बैठे रहे।

अचानक वातावरण में एक अद्भुत दिव्य सुगंध फैलने लगी, मानो किसी सूक्ष्म लोक का स्पर्श हो रहा हो। उस अलौकिक गंध ने सभी का ध्यान आचार्य की ओर आकर्षित कर लिया। उसी क्षण, अत्यंत शांति और गरिमा के साथ, आचार्य ने धीरे-धीरे अपनी आँखें खोलीं और पूरा वातावरण एक गहन आध्यात्मिक ऊर्जा से भर गया।"

जैसे ही वे उनकी अवस्था से बाहर आए, हमने उन्हें प्रणाम किया, तब उन्होंने हमें मौन खोलने की अनुमति दी। उसके बाद उन्होंने हमें कई तरह के प्रश्न पूछे और हमारी अनुभूति के बारे में उन्होंने हमें बताने के लिए कहा। सब जानकारी हमसे लेने के बाद उन्होंने कहा की आपको अगर कुछ प्रश्न हो तो हम श्याम को जरूर मिलेंगे अभी के लिए आप आगे के कार्य में लग जाओ। असल में हमारे मन में अनेक एसी शंका थी अनेक अनुष्ठान के बारे में प्रश्न थे जो हमे उनसे पूछने थे। उन्ही बातों को मन ही मन में जानकर उन्होंने हमें मिलने के लिए कहा था।

हम बड़ी उत्सुकता और श्रद्धा के साथ संध्या समय उनके दर्शन के लिए वहाँ पहुँचे। मन में अनेक प्रश्न और एक गहन जिज्ञासा थी, परंतु वातावरण इतना शांत और दिव्य था कि भीतर स्वतः ही एक मौन स्थापित होने लगा। तिब्बती संप्रदाय के मठों की एक विशेष परंपरा यह भी है कि,जहाँ मुख्य साधना की जाती है, वहाँ किसी प्रकार का बाहरी मार्गदर्शन या संवाद नहीं होता। साधक को वहाँ स्वयं के भीतर उतरकर, अपनी चेतना के साथ एकांत में साधना करनी होती है।

इसी परंपरा के अनुसार उस मठ में भी एक विशिष्ट व्यवस्था थी। मुख्य साधना स्थल से अलग, बाहरी भाग में एक ऐसा पवित्र स्थान निर्धारित किया गया था, जहाँ केवल चुनिंदा साधकों को ही प्रवेश मिलता था। वहीं पर उन्हें विशेष मार्गदर्शन दिया जाता था और साधना की सूक्ष्म विधियों का प्रत्यक्ष अनुभव कराया जाता था। यह स्थान मानो एक सेतु था,जहाँ गुरु अपनी दिव्य अनुभूति और ज्ञान को साधक तक संप्रेषित करते थे।

उस स्थल पर पहुँचते ही एक अलग प्रकार की ऊर्जा का अनुभव हो रहा था,मानो वातावरण स्वयं साधना में लीन हो। वहाँ दिया गया प्रत्येक निर्देश केवल शब्द नहीं, बल्कि एक जीवंत अनुभव बनकर साधक के भीतर उतरता था, जो उसे धीरे-धीरे गहन आध्यात्मिक अवस्था की ओर अग्रसर करता था। उस दिन वहा पर बाकी कोई नही था केवल हम चार लोग और आचार्य मात्र थे। इसके साथ में उनके दो शिष्य भी वहाँ पर मौजूद थे। जो हमे महत्वपूर्ण सूचना दे रहे थे।

तब हमें उन आचार्य का नाम मालूम हुआ। उनका नाम ओम बाबाजी है। नाम सुनते ही हमें असल में ये याद आया की हमारे गुरुदेव के मुख से और अनेक लोगो

के मुख से हमने इनके बारे मे सुन रखा था। इनको विशिष्ट आचार्य केहते थे। ये एक तरीके से दोसो या तिनसों साल के एक ऐसे सिद्ध महात्मा थे जिन्हे परकाया प्रवेश की विशेष अनुभूती थी। इन्होंने बचपन से ही अनेक दिव्य साधनाएँ की थीं। इसके साथ में उच्चतम योगियों को निपुणता से सिखाने का कार्य विशिष्ट आचार्य के पास था। नैनिताल के आसपास उनका बहुत बार आना-जाना लगा रहता था। इसके साथ में ये कभी खाते पीते नहीं थे या फिर कभी जमीन के माध्यम से भी आया-जाया नहीं करते थे। इसी के साथ हमने यह भी सुना था कि संजीवन विद्या की उच्च कोटि की सिद्धि उन्होंने प्राप्त की है।

यह सब जानकर हम अत्यंत प्रसन्न हुए, क्योंकि हमारे मन में कई गहरे प्रश्न थे जिन्हें हम उनसे पूछना चाहते थे। तभी उन्होंने सहज भाव से कहा कि साधना-तत्व के विषय में यदि मन में कोई भी संदेह हो, तो निःसंकोच पूछ सकते हैं। इसके पश्चात उनके साथ जो वार्तालाप हुआ, वह प्रश्नोत्तर के रूप में कुछ इस प्रकार था।

प्रश्नः क्या आप हमें आपकी साधना कौन सी है? किस साधना से ये सभी प्रकार की शक्तिया आपको प्राप्त हुई? क्या आप हमें बता सकते हैं?

आचार्यः ये कहते हैं कि हमने तीन गुप्त मठों के माध्यम से साधना की है। गिरनार के गुप्त मठ में इन्होने वास किया। वहाँ पे ही सालों तक साधनारत थे। और ये अवधूत संप्रदाय से आते हैं। इसके साथ में इनकी दत्त तंत्र परंपरा की साधना है। और उसमें भी उन्होंने अपनी साधना का मूल मंत्र, जो है, उसके बारे में बताया था, जिसका नाम है दत्तमाला मंत्र।

प्रश्नः दत्तमाला मंत्र क्या है?

आचार्यः दत्तमाला मंत्र में एसी विशेष शक्ती है, जो अवधूत संप्रदाय के गुरु के माध्यम से प्राप्त होती है। ये अत्यंत शक्तिशाली और तीव्रतम एसी साधना है जो साधक के शरीर के अनु रेनू की रचना को भी बदलकर रख सकती है।

ब्रम्हांडय ऊर्जा का बहुत बडा विद्युत तरंग इस मंत्र के माध्यम से साधक के सहस्रार में प्रवेश करता है। और संपूर्ण ज्ञान और विज्ञान की प्राप्ती भी इस मंत्र के माध्यम से हो सकती है।

प्रश्नः ज्ञान और विज्ञान का अर्थ क्या है?

आचार्यः ज्ञान का अर्थ है अहम ब्रम्हास्मि का साक्षात्कार करना। अर्थात अपने संपूर्ण स्वयं के पूर्णत्व की अनुभूती लेना। लेकिन विज्ञान इससे बहुत ज्यादा विस्तार पूर्ण है। बिना विज्ञान के कोई भी जीव अपने मूल स्वरूप में स्थित नहीं हो सकता। इसलिये विज्ञान और ज्ञान हैं, जो ये सब ब्रह्मांड को नियंत्रित करते हैं। विज्ञान ही असल में अध्यात्म के साधकों का मूल सिद्धांत होना चाहिए। हम

हमेशा ऐसी चीजो के पीछे भागते है कि जो पूर्ण होने के बाद मे पूर्णत्व अनुभूती नही होती। चाहे कितनी भी चीजे प्राप्त क्यू ना करे हम हमेशाही एक तरीके से दुखी ही रहते है। तो संपूर्ण तरीके से हमे स्थिर करके अपने उत्तम स्थिती तक अपने मूल स्वरूप तक ले जाने वाली जो शक्ती है उसी को ही विज्ञान कहते है।

प्रश्नः विज्ञान में ऐसी क्या विशेष शक्ती है की जो हमे विज्ञान की अनुभूती लेनि चाहिये?

आचार्यः विज्ञान ही जानने योग्य विषय है। गीता में भी भगवान श्रीकृष्ण ने अर्जुन को विज्ञान के रहस्य बताये है। जैसे की किसी विशेष तरीके की चीज की रचना करनी हो या फिर किसी विशेष चीज को हमें प्राप्त करना हो, तो विज्ञान ही वहा पे कार्य करता है।

ऐसा केहकर उन्होंने हमारी जो माला हमारे गुरु के स्थान पर थि वो अपने हात मे प्रगट की। इस पर उन्होने कहां की ये कोई चमत्कार नही है। अपितु स्पष्ट रूप से विज्ञान का ही एक प्रयोग है।

प्रश्नः ये कोनसा विज्ञान है?

आचार्यः इसी विज्ञान को वायु विज्ञान कहा जाता है। वायु के माध्यम से विशिष्ट वस्तु को विशिष्ट स्थान पर आकृष्ट करना यही वायु विज्ञान का तात्पर्य है। बस आपकी माला ही नहीं, कोई भी पृथ्वी के किसी भी स्थान का किसी भी प्रकार का पदार्थ हो, वस्तु हो। वही वस्तु को यहाँ पे इस स्थान पर इसी क्षण आकृष्ट करने की शक्ति विज्ञान में है।

ऐसा कहते हुए उन्होंने १०० से अधिक गुलाब के फूल उसी गुफा में उस क्षण प्रकट किए। इसके साथ में उन फूलों को भी अनेक पदार्थों में उन्होंने परिवर्तित करके दिखाया।

प्रश्नः आचार्य जी क्या ये सिद्धी है?

आचार्यःये सभी चीजें जो आपने यहाँ देखी हैं, उनमें कोई भी चमत्कार नहीं है। ये सब विज्ञान की प्रक्रियाओं द्वारा साध्य की जा सकने वाली बातें हैं।

इसी बात को सभी को समझने की जरूरत होती है। जैसे भौतिक विज्ञान के माध्यम से कागज को अगर आग से जलाया जाये तो वो कागज संपूर्ण तरीके से जल के राख होता है। कागज के जलने को हम कोई चमत्कार नहीं कहते हैं, क्योंकि उसके अपने नियम हैं। उसी तरीके से ये सभी प्रकार से बाहर की चमत्कारिक दिखने वाली चीजे असल मे विज्ञान की श्रेणी मे आती है। इसलिये जो साधक इन सभी नियमों को समझने में समर्थ होता है। वो साधक उन शक्तीयो को ऐसे ही नियंत्रित करके अनेक चमत्कार कर सकता है।लेकिन असल में महात्माओं के

लिए ये कोई चमत्कार नहीं है, अपितु बस कुछ पलों का खेल मात्र है।

प्रश्न: इस विज्ञान के लिए कौनसी साधना करनी पड़ती है?

आचार्यः दत्तमाला मंत्र की साधना सभी प्रकार के ज्ञान विज्ञान का एक महत्त्वपूर्ण माध्यम है। जो साधक दत्तमाला मंत्र के बारे में जानते है उन सभी साधको को ये याद है की दत्तमाला मंत्र मे जो भगवान दत्तात्रय का वर्णन किया है उसमे भगवान दत्तात्रय को महाज्ञान प्रदाय ऐसा कहते है। महाज्ञान का अर्थ ही एक तरीके से विज्ञान है। सभी प्रकार के तंत्र-मंत्र विज्ञान की ही एक तरीके से उपज है वह भगवान दत्तात्रय के ही संकल्प मात्र से हि मुनकीन है।

बिना उनकी कृपा से ज्ञान विज्ञान को स्पष्ट रूप से समझा नही जा सकता। इसलिये ६४ तंत्र के और १६ विज्ञान के भी मुख्य गुरु भी भगवान दत्तात्रेय है। इसलिये इस अवस्था को इन सभी प्रकार के विज्ञान को प्राप्त करने के पीछे दत्तमाला मंत्र की साधना अत्यंत महत्वपूर्ण है।

विज्ञान सिर्फ दत्तमाला मंत्र के साधना से प्राप्त नही होगा। जब तक शक्ती संचार गुरु के माध्यम से शक्ती रूप में शिष्य के हृदय में ना हो तब तक दत्तमाला मंत्र अपनी संपूर्ण शक्ती नही दिखायेगा। इसलिये दत्तमाला मंत्र ही उस विज्ञान की सबसे महत्वपूर्ण कुंजी है, जो ज्ञान विज्ञान को प्रदान करती है। इसके साथ में दत्तमाला मंत्र की साधना प्राचीनतम काश्मिरी परंपरा से भी आती है और ये अत्यंत गुप्त साधनाओ में से एक मुख्य साधना है।

प्रश्नः मंत्र तत्व क्या है?

आचार्यः दत्तमाला मंत्र एक गूढ़ रहस्य है, जिसे साधकों को सही प्रकार से समझना आवश्यक है। मंत्र केवल शब्दों का समूह नहीं होता, बल्कि उसके प्रत्येक वर्ण और अक्षर में विशेष शक्ति निहित होती है, जो देवताओं को प्रकटकर उनसे कार्य कराने की क्षमता रखती है। इसलिए मंत्र के इस तत्व को भली-भांति समझकर साधक को उसे सिद्ध करने का प्रयास करना चाहिए। जैसे-जैसे मंत्र सिद्ध होता जाता है, वैसे-वैसे ज्ञान और विज्ञान स्वतः ही गुरु कृपा से शिष्य के हृदय में प्रकट होने लगते हैं। इस कारण मंत्र को कभी भी कम नहीं आंकना चाहिए।

प्रश्नः मंत्र सिद्धी के कुछ लक्षण है क्या?

आचार्यः मंत्र सिद्धी अनेक अवस्था में होती है। सबसे पहले वर्ण सिद्धि। इसमे मंत्र के अक्षरों की सिद्धी होकर वह चैतन्य स्वरूप प्रगटना शुरू होते है। यही वर्णसिद्धी आगे चल के हमारे शरीर में सिद्धी देने का कार्य करती है। इसीको नाड़ी शुद्धी कह सकते हैं। नाडी शुद्धी के बाद हमारी कोष शुद्धी होती है। और कोष शुद्धी के बाद हमारे सभी प्रकार की देह की और पंचमहाभूतो की सिद्धि होती है।

जब ये संपूर्ण तरीके से मंत्र सिद्ध होने लगता है। तो साधक के काया में परिवर्तन होता है। धीरे-धीरे उसका देह सिद्ध होकर उसकी भूक-प्यास अपने आप नष्ट होती है। अनेक तरीके से देह में अद्भुत परिवर्तन होता है। देह के माध्यम से तेज धारण करना, हवा में विचरण करना। इसके साथ में ही अनेक दिव्य लोक मे विचरण करना एसी अनेक चित्र-विचित्र सिद्धिया साधक को प्राप्त होती है। साधक जहाँ जाना चाहे वहाँ अनेक देह धारण करके जा सकता है।

ऐसे अनेक तरीके के लक्षण साधको में दिखाई देना शुरू होते है यही मंत्र तत्त्व की सिद्धि है।

प्रश्नः इस मंत्र तत्व को प्राप्त करने की कोई आसान विधि है क्या?

आचार्यः किसी भी लक्ष्य की प्राप्ति आसान नहीं होती। इसके लिए दीर्घकालीन तपश्चर्या, नियमित अनुष्ठान, अटूट विश्वास और शुद्धता का पालन आवश्यक है। इनका अनुसरण करने से ही वास्तविक सफलता हासिल की जा सकती है। बिना कृपा और साधना के कोई भी सिद्धि प्राप्त नहीं होती। जब तक शक्तिसंपन्न गुरु से शक्ति का संचार नहीं होता, तब तक मंत्रयोग, हठयोग या किसी भी प्रकार की साधना पूर्णतः सिद्ध नहीं हो पाती। इसलिए सभी प्रकार की कृपा प्राप्त करने का सरल मार्ग यही है कि ज्ञानी और महापुरुषों की शरण में जाकर साधना की जाए,यही इसका गूढ़ रहस्य है।

प्रश्नः ऐसे सिद्ध महापुरुष कहा पे मिलते है?और उन्हें ढूंढने का कोई साधन है क्या?

आचार्यः किसी भी महापुरुष को कही पे भी ढूंढने की जरूरत नही है। महापुरुषो का हम रहस्य बताना चाहेंगे। योगी या महापुरुष अपने आप ही उस साधक के संपर्क में आते हैं जिसकी वह योग्यता समझते हैं। अगर आपके अंदर योग्यता है, हृदय की सरलता है, तो महापुरुष और योगी आपके यहाँ पे स्वयं पधारेंगे। और आपके हृदय में ज्ञान का संचार भी करेंगे। दूसरी महत्वपूर्ण बात ये है कि योगियों को ढूंढना किसी की बस की बात नहीं है, केवल उनकी इच्छा होनी चाहिए।और जिनकी योग्यता है उसे देखकर महापुरुषो मे कृपा जरूर उपजती है। इसलिए केवल साधना करते रहने से महापुरुष आपको अपने आप ही मिलेंगे।

प्रश्नः महापुरुष किस तरीके से साधक पर कृपा करते हैं?

आचार्यः योगी को वास्तव में कृपा करने के लिए शरीर से किसी विशेष स्थान पर जाने की आवश्यकता नहीं होती। वे एक ही स्थान पर स्थित रहकर अपनी सूक्ष्म देह के विविध रूपों के माध्यम से अनेक कार्य कर सकते हैं। ऐसा कहा जाता है कि ज्ञानगंज या गुप्त मठों के महात्मा निरंतर संपूर्ण पृथ्वी पर योग्य साधकों

की खोज में रहते हैं और ध्यान के माध्यम से उन्हें विभिन्न प्रकार का ज्ञान प्रदान करते हैं। सूक्ष्म तरंगों के जरिए वे साधकों पर कृपा भी करते हैं। इसलिए बाहरी रूप से कहीं जाने की आवश्यकता नहीं है, यदि साधक में योग्यता और पात्रता है, तो कृपा स्वयं ही उस तक पहुँचती है।

प्रश्नः उपर दिये हुए अनेक प्रकार की शक्तियों का जो आपने वर्णन किया क्या वो दत्तमाला मंत्र से प्राप्त हो सकती है क्या?

आचार्यः हा क्यू नही प्राप्त हो सकती? असल में दत्तमाला मंत्र का हर प्रकार से स्वरूप समझा जाये तो भगवान दत्तात्रय के ७ गुणों का वर्णन दत्त माला मंत्र करता है। इन सात गुनो का वर्णन करना ही दत्तमाला मंत्र का कार्य नही है अपितू इन सभी प्रकार के गुण का विकास करना और सभी प्रकार की शक्तिया साधक के हृदय में प्रवाहित करना ये भी दत्त माला मंत्र का कार्य है।

जैसे कि अगर इस पर ठीक से विचार किया जाए तो इस मंत्र को भगवान दत्तात्रय को महाज्ञान प्रदाय, महायोगीने, अवधूत आदी नाम से संबोधित किया गया है या फिर स्मरण किया गया है। तो जब साधक इस मंत्र की साधना करते है तो ये सभी प्रकार के गुण साधको मे प्रवाहित होते है। इसलिये इस मंत्र की साधना करने वाला साधक योगी होता है। आगे चलकर वह महाज्ञानी और विद्यानी भी हो जाता है।

इसमे कोई संदेह नही है की मंत्र का ही मूल अर्थ जानकर मनन करने से वही गुण साधको के अंदर भी प्रगट होते है।

दूसरी ये महत्वपूर्ण बात है कि दत्तमाला मंत्र के साधना करने वाला साधक अपने आप ही मंत्र में दिए हुए भगवन दत्तात्रय के ज्ञान देनेवाले स्वरुप से जुड़कर ज्ञान तथा विज्ञानमय हो जाता है दत्तगुरु उसे इस अवस्था तक पहुंचा देते है।

इस बात को समझाते हुए आचार्य ने एक सुखा हुआ पत्ता अपने हाथ में निर्माण किया और उस पत्ते को हमे अपने हाथो मे लेने के लिए कहा उस पत्ते को हमने एक एक करके देखा तो सच में सुखा था,पिला पड गया था उसके अंदर कोई भी जान नही थि । इसके बाद आचार्य ने अपने हाथ में उस पत्ते को लेकर एक या दोन मिनिट में ही कुछ मंत्र उच्चारित किया होगा। अचानक से उस पत्ते में अपने आप जान आई और वो पत्ता हरा हो गया। आगे पुष्प के माध्यम से उन आचार्य ने पूरी उसकी टेहनी ही बना डाली और कहा कि इस तत्त्व को इस तरीके से समजते है।

प्रश्नः आचार्य आपने इस पत्ते को पुनर्जीवन कर दिया ?

उत्तरः बिलकुल भी नही। हमने दत्तमाला मंत्र का ही मन ही मन मे जाप किया। अगर मंत्र मे चिदानंदात्मने ऐसे अगर स्पष्ट उल्लेख है, तो मंत्र जप से उस पत्ते के

अंदर का प्राण तत्व जागृत हुवा इसी तत्व को मंत्र सिद्धि कहते है।

प्रश्न: आचार्य क्या मृत संजीवनी विद्या भी इसी तत्व की अनुभूति है?

उत्तर: हा, अगर दत्त माला मंत्र की सिद्धि सच में प्राप्त हो जाए तो साधक मृत संजीवनी विद्या को भी सिद्ध कर सकता है। इस के साथ में रोग निवारण, परकाया प्रवेश, जैसी अनेक सिद्धिया भी साधक को इस मंत्र से प्राप्त होती है।

प्रश्न: आचार्य क्या दत्त माला मंत्र में जो महाज्ञान प्रदाय ऐसा कहा गया है तो वो ज्ञान कैसा है?

उत्तर: महाज्ञान के विषय में शास्त्रों ने ऐसे कहा है कि जो ज्ञान योगी को विज्ञान सहित प्राप्त होता हैं उसे महाज्ञान कहते है। जैसे कृष्ण भगवान ने अर्जुन को गीता उपदेश किया, उसमें भी लिखा है विज्ञान सहित ज्ञान।

ज्ञानं तेऽहं सविज्ञानमिदं वक्ष्याम्यशेषतः।

यज्ज्ञात्वा नेह भूयोऽन्यज्ज्ञातव्यमवशिष्यते॥

अर्थात ज्ञान सहित विज्ञान में तुम्हे बताने जा रहा हु। इसमें विज्ञान और ज्ञान की स्थिति को ही महाज्ञान की स्थिति बताया है।

प्रश्न: इस विज्ञान से क्या प्राप्ति होती है?

उत्तर: सभी चमत्कार, सिद्धि, और ज्ञान का विनियोग ही असल में विज्ञान है। चलो तुम्हे विज्ञान का में एक खेल दिखाता हूं।

ऐसा कहकर आचार्य ने पूछा,

प्रश्न :ये पत्ता किस पेड़ का है?

उत्तर: ये जवा का पत्ता है।

प्रश्न: नहीं, ये गुलाब का पत्ता है?

और देखते ही देखते उस पत्ते का परिवर्तन गुलाब के पत्ते में हुआ।

इसपर समझाते हुये आचार्य ने बताया।

सामान्यजन को लगता है कि पेड़, पौधे, फल इनका निर्माण अलग-अलग हुआ है। लेकिन इन पत्तों में बसने वाला तत्व परमात्मा का ही है और अगर उन पत्तों के अणु रेणु की विज्ञान पर योगी को सत्ता मिले तो वो किसी भी वस्तु और पदार्थ को एक दूसरे में परिवर्तित कर सकता है।

असल में हर वस्तु, हर पदार्थ, के अस्तित्व में जो शक्ति कार्य करती है वह एक है। और इस शक्ति को कार्यान्वित करना विज्ञान या महाज्ञान है। इसलिए दत्त माला मंत्र का साधक ही महाज्ञानी है।

प्रश्न: आचार्य हमें क्या करना चाहिए ताकि दत्त माला मंत्र सिद्ध कर सके?

उत्तर: योग्य दीक्षा लेकर, नियमों के साथ दत्त माला मंत्र के ७ स्वरूपों की साधना करना ही दत्त माला मंत्र की सिद्धि देगा।

ऐसी अनेक दिव्य रहस्य की बाते आचार्य से जानने को मिली लेकिन बाकी रहस्य और गुप्त बाते यहां देना संभव नहीं है। इसलिए साधकों ने दत्त माला मंत्र की स-विधान साधना करके अपने कल्याण की कामना करनी चाहिए।

आचार्य आज भी ऐसी स्थिति में है जो रहस्यमयी तरीके से कार्य करते है। इन्होंने अपने स्थूल देह की परिणति योग देह में करते हुए आज भी कार्य शुरू रखा है।

6

चित्त प्रकाशानंद जी

ये एक असाधारण ऐसे महात्मा है। इनकी शक्ति की कोई सीमा नही। इनसे जब हमारी मुलाकात हुई तो जितने भी ब्रह्मपुरुष हमने देखे उसमे से अभूतपूर्व ऐसा इनका व्यक्तिमत्व था। ब्रह्मविद्या का ऐसा ज्ञान इनके अंदर था कि वे साक्षात् ब्रह्मस्वरूप के प्रत्यक्ष स्वरूप थे। या उस परमात्मा का ही सगुन रूप थे। ऐसा आभास इन्हे केवल देखने मात्र से होता था, ऐसा हमारा अनुभव था। स्वामीजी की शक्तियाँ ऐसी थीं कि जिसके बारे में हम कल्पना भी नहीं कर सकते। इनका आने जाने का मार्ग तो शून्य मार्ग होता था लेकिन असामान्य एसी मंत्र शक्ती इनके पास थी। ये ऐसे ही जब भी कोई भी मंत्र जाप करते वो देवता या सदैवता का जो भी प्रकाश था इनके सामने खुद ही प्रगटते हुए हमने देखा था। इनकी वाणी में ऐसी दिव्यता थी की एक बात अगर उनके मुँह से चली जाये तो वो प्रत्यक्ष के वैसे ही वैसे ही तुरंत ही घटित होती थि।

एक बार तो हमने देखा की एक भक्त ने कुछ प्रार्थना की और उस भक्त ने कहा की उन्हे अंगूर ज्यादा पसंद है. तो अंगूर का नाम कहते ही उस भक्त के सामने अंगूर अपने आप ही प्रगट हुए थे ऐसी इनकी संकल्प शक्ति थी। इसीलिए इनका चरित्र जो है वो अत्यंत दिव्य था और इनके चरित्र में एसी अनेक शक्ती अनेक सिद्धी हमे देखने को मिली जो पतंजली योग हो या तंत्र ग्रंथ हो आदि में वर्णित है। इन महानुभाव की और एक महत्वपूर्ण भी विशेष एसी रहस्यमयी साधना थी जिसके बारे में ये किसी से चर्चा नही करते थे लेकिन ये कहते थे की प्रभू की कृपा से ऐसी साधना हमे प्राप्त हुई जिसने हमे समस्त तंत्र मंत्र सिद्धी और ज्ञान की प्राप्ती इसी देह में प्राप्त हुई। इनका ये भी कहना था कि अगर ठीक से साधना की जाये तो साधक स्वयं ही अपने अंदर से ईश्वर के कृपा से सिद्ध हो सकता है।

इनकी और हमारी मुलाकात जब हुई तब हमें ये याद है कि हमे एक विशेष दृष्टांत के स्वरूप एक जगह पे जाकर साधना करनी थी। वहापर वो साधना पूर्ण होते ही हमे वहापे हमारे साथ साधना करने वाले एक साधक ने बताया की कोई विशेष सिद्ध महात्मा यहा पे आने वाले है।

तब हम तिब्बतीय प्रदेश में अनेक महात्माओं के माध्यम से शिक्षा ले रहे थे। तब इनकी और हमारी मुलाकात उस साधक की बजे से हुई। हमने उस साधक को कहा कि क्या आप हमें उस जगह ले जाएंगे जहाँ पर वो आने वाले हैं? तब उन्होंने कहा की हा हम जरूर लेकर जायेंगे लेकिन उनका कोई एक ठिकाणा नही है कब आयेंगे कब नही पता नही इसलिये आज हमे दिन भर रुकना होगा। हमारा भी अनुष्ठान पूर्ण हो चुका था इसलिये हम दोनो वहा से निकलकर तीन घंटा चल कर गये और एक विशेष मठ मे हम गये जहा पर वो आने वाले थे। और हम भी वहाँ पर उनका इंतजार कर रहे थे।

उसके बाद अचानक से संपूर्ण जगह में अचानक से सुगंध आने लगा और एक निली आभा आजूबाजू में दिखने लगी और देखते ही देखते वो तत्काल सभी के सामने एक तरीके से प्रगट हुए या शून्य मार्ग से आये। ऐसे शून्य मार्ग से आने वाले महात्मा को स्वयं देखने का हमारा पहला अनुभव था। हम इतने अवाक थे कि हमें कुछ समझ में नहीं आ रहा था। तो उस तरीके से हो वहाँ पे प्रकट हुए सभी लोग खड़े होकर उनका दर्शन लेने लगे। सभी ने उनको दूर से ही प्रणाम किया किसी से बिना बात किये वो अंदर विशेष एसे कक्ष मे चले गये। और तकरीबन एक दिन वहाँ पे जाने की किसी को भी इजाज़त बिल्कुल भी नहीं थी।

रात्रि काल में सभी साधकों ने श्रद्धा और एकाग्रता के साथ साधना की और उसके पश्चात विश्राम किया। अगले दिन प्रातःकाल की साधना पूर्ण होने के बाद हमें यह ज्ञात हुआ कि उनसे मिलने के लिए उसी दिन रात्रि में एक विशेष समय निर्धारित किया गया है। यह जानकर मन में उत्सुकता और एक अद्भुत भावना जागृत हुई।

हमें बार-बार ऐसा आभास हो रहा था कि मानो हम उनसे पहले भी कहीं मिल चुके हैं और उन्होंने किसी न किसी रूप में हमारा मार्गदर्शन किया है। यह अनुभूति बहुत गहरी और अनोखी थी। हालांकि उस समय तक हमने उन्हें स्पष्ट रूप से देखा नहीं था, फिर भी उनके प्रति एक अपनापन और श्रद्धा का भाव मन में उत्पन्न हो रहा था। यह सब इतना आश्चर्यजनक था कि हम पूरी तरह से समझ नहीं पा रहे थे, पर भीतर एक विशेष शांति और विश्वास अवश्य अनुभव हो रहा था।

इसके बाद श्याम का समय हो रहा था,सभी को एक-एक करके उस कक्ष में जाने की अनुमति दी जा रही थी।

जब हमारा अवसर आया, तो हम अंदर गए। अंदर प्रवेश करते ही उन्होंने बड़ी मुस्कान के साथ हमारी ओर देखा और एक प्रश्न पूछा। वह सुनकर हम अत्यंत आश्चर्यचकित रह गए। उन्होंने एक विशेष मंत्र के बारे में पूछा कि उसकी साधना कितने दिनों में पूर्ण हुई है या अभी शेष है।

इसके बाद उन्होंने एक और प्रश्न किया? क्या तुम सदैव सफेद रंग की भगवान दत्तात्रेय की मूर्ति का ध्यान करते हो? यह सुनकर हम और भी चकित हो गए, क्योंकि यह बात अत्यंत व्यक्तिगत और गूढ़ थी। हमें क्या बोले समझ में नहीं आ रहा था।

इसके बाद उन्होंने हमें एक और मंत्र याद दिलाया और बड़े सहजभाव से बताया कि कैसे विविध दृष्टांतों के माध्यम से हमारी यह यात्रा प्रारंभ हुई और अंततः हमें तिब्बत तक ले आई। जब हमने इन सभी अनुभवों को एक सूत्र में पिरोकर देखा, तो अचानक सब स्पष्ट हो गया। बाल्यावस्था से जिन महात्मा के दर्शन हमें होते आ रहे थे, वही हमारे सामने विराजमान थे उनका नाम था चित्त प्रकाश आनंदजी।

वह क्षण हमारे लिए अत्यंत भावुक और अद्‌भुत था। हमें यह अनुभूति हुई कि बचपन से लेकर आज तक, हर मोड़ पर वही अदृश्य रूप से हमारा मार्गदर्शन करते आए हैं। यह जानकर हमारा हृदय श्रद्‌धा से भर उठा।

हमने तुरंत साष्टांग दंडवत प्रणाम किया और विनम्र भाव से कहा,अब हमें पूर्ण विश्वास हो गया है कि आज तक जो भी मार्गदर्शन हमें मिला, वह आप ही का था। भले ही हम आपका नाम या निवास न जानते हों, पर यह निश्चित है कि आप ही वह दिव्य महात्मा हैं, जिन्होंने हमें इस पथ पर चलाकर यहां तक पहुँचाया है।

कुछ क्षणों के लिए हम एक अत्यंत गहन और भावमय अवस्था में विलीन हो गए। आँखों से अश्रुधारा अपनेआप बहने लगी, और मन पूर्णतः निर्विचार हो गया। उस समय जो अनुभूति हो रही थी, वह शब्दों से परे थी मानो हम अपने ही किसी अति प्रिय, अपने पितातुल्य स्वरूप से, न जाने कितने जन्मों के पश्चात पुनः मिल रहे हों। भीतर उमड़ते भाव इतने प्रबल थे कि समझ और तर्क दोनों ही मौन हो चुके थे।

हृदय में एक साथ करुणा, प्रेम, श्रद्‌धा और विस्मय का प्रवाह चल रहा था। ऐसा प्रतीत हो रहा था कि समय, स्थान और समस्त सीमाएँ उसी क्षण लुप्त हो गई हैं। केवल एक गहरा संबंध, एक अनजाना परंतु अत्यंत अपनासा बंधन अनुभव हो रहा था।

तभी उन्होंने हमें अपने समीप बुलाया। वह क्षण जैसे किसी दिव्य अनुग्रह का संकेत था। उन्होंने अत्यंत स्नेहपूर्वक हमारे सिर पर अपना हाथ रखा। उस स्पर्श में एक अलौकिक शक्ति थी जैसे चेतना के किसी गूढ़ द्वार का उद्घाटन हो गया हो। उसी क्षण हम अपनेआप ही समाधि की अवस्था में प्रवेश कर गए।

अंदर एक अद्वितीय शांति और आनंद का विस्फोट हो रहा था,ऐसा आनंद, जो न पहले कभी अनुभव हुआ था, न जिसकी कल्पना ही संभव थी। वह केवल सुख नहीं, बल्कि आत्मा की गहराइयों में उतरता हुआ एक दिव्य, अनंत और अवर्णनीय अनुभव था।

जब हमारी आँखें खुलीं, तो देखा कि सभी साधक जा चुके थे। वहाँ केवल हम ही शेष थे। वे सामने खड़े थे, एक शांत मुस्कान के साथ। उन्होंने स्नेहपूर्वक पूछा, “क्या उस विशेष आनंद की अवस्था का अनुभव हुआ?”

हम शब्दों में उत्तर नहीं दे पा रहे थे, पर भीतर जो घटित हुआ था, वह अत्यंत गहरा और विलक्षण था। उनके द्वारा प्रदान किए गए उस दिव्य शक्तिपात ने हमें एक ऐसी अवस्था का अनुभव कराया, जो साधारण चेतना से कहीं परे थी। मन स्थिर, हृदय पूर्ण, और आत्मा जैसे किसी अदृश्य प्रकाश से भर उठी थी।

उसी क्षण हमें आभास हुआ कि यह कोई साधारण मिलन नहीं है। यही दिव्य विभूति आगे चलकर हमारे सद्गुरु बने। उन्होंने हमें न केवल मार्ग दिखाया, बल्कि ऐसी सूक्ष्म और प्रभावशाली साधनाएँ प्रदान कीं, जो हमारे जीवन की दिशा ही बदलने वाली थीं। उनके द्वारा दी गई वे शक्तियाँ और ज्ञान आगे चलकर हमारे जीवन में अत्यंत महत्वपूर्ण सिद्ध हुए, और आज भी उसी प्रकाश में हमारा पथ आलोकित हो रहा है

उसके बाद हमने भी उनको प्रश्न पूछना शुरू किया और उन्होने उसमे जो भी हमें मार्गदर्शन किया वो कुछ इस प्रकार है।

प्रश्नः आचार्यजी, आपकी साधना कौन-सी है, जिसके माध्यम से आपको इस अवस्था की प्राप्ति हुई?

उत्तरः हमने आज तक गुरुकृपा से अनेक ऐसी साधना कि है जिसके माध्यम से हजारो प्रकार का ज्ञान हमे प्राप्त हुआ। और उस ज्ञान के माध्यम से ही आज हमने इस अवस्था को प्राप्त किया है।

प्रश्नः इसमें से ऐसी कौन सी साधना है जो साधक को करनी चाहिये या आपने ऐसी कोई विशेष साधना की है क्या जिसके बारे मे आप बताना चाहेंगे?

उत्तरः हमने जितनी भी अद्भुत साधनाए की है उसमे से भगवान दत्तात्रय की एक विशेष साधन है जो हमे एक विभूती के माध्यम से प्राप्त हुई थी जब हम

गिरनार पर हमारे बचपन में साधना कर रहे थे। उस विशेष एसी साधना का नाम है दत्तमाला मंत्र की साधना।

प्रश्नः ये कौन से विभूति हैं? क्या आप इसके बारे में हमें बता सकते हैं?

उत्तरः जब वह विशेष समय आया, तब हमें भगवान दत्तात्रेय के दिव्य दर्शन हुए। उसी के पश्चात एक विलक्षण विभूति महात्मा के भी दर्शन हुए। उन्होंने हमें स्पष्ट आज्ञा दी, गिरनार की ओर प्रस्थान करो, और यह कहकर वे अदृश्य हो गए।

उस क्षण से हमारे जीवन की दिशा बदल गई। हमने घर त्याग दिया और धीरे-धीरे गिरनार की ओर अपनी यात्रा प्रारंभ की। यह केवल बाहरी यात्रा नहीं थी, बल्कि भीतर की साधना का भी आरंभ था।

मार्ग में हर क्षण ऐसा अनुभव होता रहा मानो कोई अदृश्य शक्ति हमारा मार्गदर्शन कर रही हो। बीच-बीच में दृष्टांतों के माध्यम से वही महात्मा हमें दिशा देते रहे,कब रुकना है, कब आगे बढ़ना है, कौन-सी साधना करनी है और किस समय करनी है।

इस प्रकार, हर दिन हमें सूक्ष्म रूप से आवश्यक मार्गदर्शन प्राप्त होता रहा। यह यात्रा केवल स्थान परिवर्तन नहीं थी, बल्कि एक गहन आध्यात्मिक परिवर्तन की प्रक्रिया बन चुकी थी, जहाँ हर कदम किसी अदृश्य कृपा से संचालित हो रहा था।

जब हम गिरनार पहुंचे तब उन्होने एक मंत्र के बारे में हमे ध्यान मार्ग से बताया और उसी मंत्र की तकरीबन तीन साल तक हमने साधना की। उसी मंत्र की साधना के बाद में तिब्बत की ओर जाने के लिए उन्होंने मार्गदर्शन किया। जब हमने वो यात्रा प्रारंभ की तो एक जगह पर एक साधक के घर हमारा रुकना हुआ और उनके घर में उन्ही महात्मा की तस्वीर थी जिन महात्मा ने हमे आज तक सभी प्रकारसे मार्गदर्शन किया था।

जब हमने उन साधक को पूछा की इन महात्मा का नाम क्या है तब उन्होने कहा कि इन महात्मा का नाम परमहंस परिव्राजकाचार्य श्रीमद वासुदेवानंद सरस्वती स्वामी महाराज जी है। तब हमें उन महात्मा का नाम मालूम हुआ। लेकिन जब हमने उनके स्थान के बारे में पूछा तो हमे पता चला की वो अभी देह मे नहीं है। ये सुनकर हमें बहुत ज्यादा आश्चर्य हुआ क्योंकि गिरनार पर एक दिन हमें बहुत ही ज्यादा तकलीफ हो रही थी। हमे एक दिन ऐसे हुआ की हमारे शरीर में कुछ भी शक्ति शेशन नही है और एक जगह से हम हिल भी नही पाएंगे ऐसा लग रहा था। भगवान दत्तात्रेय के एक विशेष मंत्र का हम बैठे-बैठे जप कर रहे थे। तभी एक दिव्य विभूति वहाँ पर आई और हमें खाने के लिए उन्होंने कुछ विशेष प्रसाद दिया और उसके बाद उस प्रसाद को देखकर उन्होंने हमे एक बार वापस से वही मंत्र

बताया जिस मंत्र को हम दत्त माला मंत्र कहते है। उस मंत्र की साधना बताकर वह विभूति अद्दश्य हुइ। और तब जाकर हमे समझ में आया उस दिन जिन्होंने हमे मंत्र बताया वो विभूती भी परमहंसपरिव्राजकाचार्य श्रीमद वासुदेवानंद सरस्वती स्वामी महाराज ही थे। अर्थात वो दिव्य देह सहित आज भी कार्य कर रहे है और आज भी उनकी ऐसी ही अनुभूती हमे आती है, ये उन महात्मा ने बताया।

प्रश्न: आचार्य दत्त माला मंत्र साधना क्या है?

उत्तर: दत्त माला मंत्र साधना कोई एक मंत्र कि साधना नहीं है। अपितु एक संपूर्ण तंत्र साधना है। दत्त तंत्र के और वेद में अग्रणीय साधना है। ६४ तंत्रों की अधिष्ठात्री देवताए इस मंत्र से प्रसन्न होकर सिदि्ध देने का कार्य करती है।

प्रश्न: दत्त माला मंत्र से क्या प्राप्ति होती हैं?

उत्तर: दत्त माला मंत्र से इहलोक तथा परलोक के सभी लाभों की प्राप्ति होती है। इस मंत्र की साधना सभी सिदि्ध तथा सभी ज्ञान प्राप्ति और ब्रह्मप्राप्ति को भी देने का कार्य करती हैं। इस मंत्र की संपूर्ण शरणागत होकर साधना करने से केवल ३ साल में ही ब्रह्म प्राप्ति मुमकिन है।

प्रश्न: आपने, अपने जीवन में कौनसी दिव्य साधनाए की है? और इसमें से आपकी पसंदीदा साधना कौनसी है?

उत्तर: हमने जीवन में लगभग हर उस साधना को किया है, जो तंत्र की महत्वपूर्ण साधना है। जिसमें दशमहाविद्या, मधुमति विद्या, तथा भैरव साधना और सूर्य विज्ञान की साधनाए आती है।

लेकिन इनमें हमारी अत्यंत प्रिय साधना श्रीविद्या, तथा दत्त माला मंत्र साधना है। जो हमने हमारे जीवन के शुरूआती काल में की है। श्री विद्या हमने अत्यंत शक्तिशाली ऐसे ज्ञान गंज के आचार्य से सीखी हैं और दत्त माला मंत्र साधना हमें उन सिद्ध महात्मा से प्राप्तहुई। इन साधनाओं के साथ हमें मधुमति साधना भी अत्यंत प्रिय है।

प्रश्न: सामान्य साधकों के लिए इनमें से कौनसी साधना आसान है।

उत्तर: ये सभी साधनाए वैसे तो अत्यंत दिव्य और बिना गुरु के सिद्ध करना मुमकिन नहीं है। मधुमति साधना और श्रीविद्या तो सामान्य साधकों के बस में नहीं है। लेकिन दत्त माला मंत्र की साधना ही सामान्य साधक कर सकते है। इसलिए साधकों को सामान्य स्थिति से ब्रम्ह स्थिति प्राप्त करने के लिए केवल दत्त माला मंत्र साधना ही करनी चाहिए।

प्रश्न: दत्त माला मंत्र साधना कैसे करनी चाहिए?

उत्तर: दत्त माला मंत्र कोई मंत्र नहीं है। अपितु संपूर्ण साधना पद्धति है। इस साधना पद्धति को समझना और इन नियमों के साथ साधना करना ही दत्त माला मंत्र साधना की कुंजी है जो गुरु से प्राप्त होती हैं।

प्रश्न:दत्त माला मंत्र साधना की साधना पद्धति क्या होती हैं?

उत्तर: साधक को सबसे पहले मंत्र की उच्चारण पद्धति, न्यास, मुद्रा, ध्यान, माला , आसन सिद्धि, भूत शुद्धि, शरीर सिद्धि आदि तत्वों को समझना और इनके माध्यम से साधना करना ही दत्त माला मंत्र साधना की पद्धति है।

प्रश्न: क्या साधकों को ये क्रियाए गुरु से प्राप्त करनी चाहिए? या केवल विधान प्राप्ति से कार्य सिद्ध होगा?

उत्तर: बिना गुरु के कोई मंत्र कार्य नहीं करता तथा फल भी नहीं देता। इसलिए मंत्र की दीक्षा लिए बिना कभी भी सिर्फ मंत्र के विधान से मंत्र सिद्धि नहीं होगी। अपितु दत्त माला मंत्र की दीक्षा के बिना साधना नहीं करनी चाहिए। बिना दीक्षा के की हुई दत्त माला मंत्र साधना आपको सिद्धि कभी नहीं देगी।

प्रश्न: क्या दत्त माला मंत्र की दीक्षा ली जाती है?

उत्तर: हा! किसी भी मंत्र की संपूर्ण सिद्धि बिना मंत्र दीक्षा और गुरु कृपा के नहीं होती। असल में मंत्र सिद्धि संपूर्ण गुरु के ही अधीन है। जब तक गुरु कृपा नहीं होगी कोई मंत्र फल नहीं देता। इसलिए दत्त माला मंत्र की दीक्षा लेकर गुरु से शक्ति प्राप्त करके ही साधना करनी चाहिए।

प्रश्न: क्या केवल भक्ति से साधना सिद्धि नहीं होती?

उत्तर: हर शास्त्र का अपना विज्ञान है। जिसमें भक्ति, श्रद्धा ये साधना के मूल में विद्यमान हैं। लेकिन बिना गुरु के संकल्प किए और गुरु के इच्छा बगैर कभी भी मंत्र सिद्धि नहीं होती। इसलिए ये दत्त संप्रदाय सर्वोपरि गुरु के इच्छा के अधीन है। गुरु के मन में कृपाभाव आने पर तुरंत मंत्र सिद्धि प्राप्त होगी। लेकिन अगर शिष्य स्वयं प्रयास से लाखों बार मंत्र जप क्यों न करे, वैसे सिद्धि प्राप्त नहीं होती ।

ऐसा कहकर आचार्य ने एक मंत्र के बारे में हमे बताया जिसकी सिद्धि करने के लिए हम ६ माह से अनुष्ठान कर रहे थे। उस मंत्र का जाप आचार्य ने करने के लिए कहा तब आंखें बंद करके ३ बार उच्चारण किया और देखते ही देखते हमारे सामने वो माला प्रगट हुई। और हमे बड़े आश्चर्य की अनुभूति हुई। जिस मंत्र की साधना अनुष्ठान ३ बार करने के उपरांत भी वो मंत्र सिद्ध नहीं हुआ वो केवल उनके संकल्प से तत्काल सिद्ध हुआ।

प्रश्न: ये कैसे हुआ?

उत्तर: ये केवल और केवल योगी या गुरु के संकल्प से ही होने वाली चीज है। साथ ही मंत्र केवल और केवल गुरु के मानसिक संकल्प पर निर्भर करता है। इसलिए मंत्र सिद्‌धि का तात्पर्य ही गुरु कृपा से होता हैं। किसी भी मंत्र में चैतन्य इच्छा शक्ति तथा संकल्प शक्ति से ही आता है। इसलिए ये संकल्प शक्ति योगी और गुरु के अधीन होने की वजह से ही बिना गुरु कृपा कभी भी संपूर्ण शक्ति नियंत्रण मंत्र सिद्‌धि मुमकिन नहीं होती।

प्रश्न: क्या केवल दीक्षा लेने से मंत्र सिद्‌धि हो जाती है? या निरंतर साधना की जरूरत होती हैं?

उत्तर: मंत्र सिद्‌धि के लिए गुरु केवल उत्तम और योग्य साधकों के लिए ही संकल्प करते हैं। लेकिन तब तक आप के लिए गुरु के मन में कृपा आने के लिए साधना और सेवा साधकों को करनी पड़ती हैं। इसलिए निरंतर साधना और गुरु के प्रति संपूर्ण समर्पण से ही साधना करते हुवे साधकों को गुरु कृपा की प्राप्ति होती हैं।

साधक की देह शुद्‌धि और देह सिद्‌धि भी साधकों की स्थिति पर निर्भर करती है। इसलिए योग्य साधना की जरूरत भी साधकों को होती है। इसलिए दीक्षा के बाद की हुई योग्य साधना से साधक को मंत्र सिद्‌धि प्राप्त होती है, लेकिन अगर साधक दीक्षा लेकर भी साधना नहीं करते तब उस मंत्र की सिद्‌धि साधक को प्राप्त नहीं होती।

प्रश्न: आचार्य देह सिद्‌धि क्या है?

उत्तर: देह सिद्‌धि ही असल में मंत्र शक्ति को धारण करने की कुंजी है। जब तक देह सिद्‌धि नहीं होगी मंत्र देवता शरीर में प्रकट नहीं होती और संपूर्ण सिद्‌धि प्राप्त नहीं होती। मंत्र चैतन्य के द्‌वारा जाप करते हुवे शरीर की प्राण नाड़ियों को शुद्‌ध होते हुए प्राण शुद्‌धि द्‌वारा देह शुद्‌धि होती है। और शुद्‌ध देह ही सिद्‌ध देह है।

हमारा कर्म हमारे प्राण नाड़ियों में बसंता है। उस कर्म को नष्ट करने का कार्य मंत्र जाप से निकलने वाली मंत्र चैतन्य से निर्माण होने वाली विद्‌युत ऊर्जा करती हैं। उस ऊर्जा को धारण करने के लिए ही देह का सिद्‌ध होना जरूरी है। और उस ऊर्जा के नियंत्रण को ही मंत्र सिद्‌धि कहा जाता है।

प्रश्न: आचार्य जी देह शुद्‌धि की जरूरत है, तो जब तक देह शुद्‌धि नहीं होती तब तक किये जाप का असर नहीं होता?

उत्तर: अशुद्‌ध देह में संपूर्ण मंत्र शक्ति का धारण करना मुमकिन नहीं है। इसलिए जब गुरु साधक को मंत्र दीक्षा देते हैं। तब गुरु शिष्य के शरीर सिद्‌धि

नुसार मंत्र देते है जो धीरे-धीरे साधकों के प्राण तत्व की शुद्धि करते हुवे संपूर्ण शरीर सिद्धि साधकों को प्राप्त होती है।

संपूर्ण शरीर शुद्धि और देह सिद्धि से पहले की हुई साधना साधकों क़ो कर्म शुद्धि प्राप्त करने के लिए और प्राण शुद्धि के लिए इस्तेमाल होती है। जब योग्य साधना लगातार शुरू हो जाती है, तब स्वयं गुरु सूक्ष्म रूप में शरीर के अंदर प्रकट होकर प्राण शुद्धि करने का कार्य करते है। लेकिन ये साधक के मंत्र जप के प्रति संपूर्ण समर्पण और भाव पर निर्भर करता है कि गुरु कितनी जल्दी साधकों को उनके साधना का फल देते हैं।

इसलिए निरंतर साधना, समर्पण के साथ करने से ही गुरु प्रसन्न होते है। गुरु असल में साधना में प्रकट होते है। और हृदय चक्र में देखते हैं कि साधक कितने भावशुद्धि से साधना करते हैं। जैसे जैसे गुरु साधक के भाव शुद्धि को देखते हैं वैसे वैसे अपने आप ही गुरु प्रसन्न होकर प्राण शुद्धि करते है और शिष्य देह को सिद्ध देह बनाते है। तब तक साधक ने संकल्प सहित साधना पंचाग ज्ञान के साथ करनी चाहिए।

ऐसे अनेक रहस्य गुरुदेव से जाने जिसमें परकाया प्रवेश तथा मधुमति विद्या, भैरव साधना, सूर्य विज्ञान ऐसे अनेक रहस्य गुरुदेव ने हमें बताए।

गुरुदेव ६४ तंत्र तथा १६ विज्ञानों के ज्ञाता थे। तथा हर ग्रंथ का ज्ञान वो स्पष्ट रूप से अनुभूति पूर्ण सिखाते थे। ऐसा कोई शास्त्र नहीं जिसका उन्हें ज्ञान न हो तथा अनुभूति न हो। ऐसे में वो हर चीज की अनुभूति करा देने में अत्यंत श्रेष्ठतम योगी और आत्मज्ञानी आचार्य थे।

यही आगे चल के हमारे गुरु बने। इन्होंने हमें अनेक रहस्य बताए जो आज बताने का कोई औचित्य नहीं है।

लेकिन हमारी परंपरा अत्यंत प्राचीन ऐसे गुप्त मठ यानी कि ज्ञान विज्ञान केंद्र से चली आ रही है। जिसमें नाथ परंपरा, दत्त परंपरा, तथा श्री विद्या की दिव्य परंपरा जुड़ती है।

परमहंस परिव्राजकाचार्य वासुदेवानंद सरस्वती स्वामी महाराज जी हमारे आचार्य के मार्गदर्शक और इष्ट रहे हैं। तथा हमारे भी बाल्यावस्था से परमहंसपरिव्राजकाचार्य वासुदेवानंद सरस्वती स्वामी महाराज जी ही हमारे मार्गदर्शक रहे है, जो आज भी निरंतर लोकोत्तर कार्य कर रहे है। ऐसे दिव्य और महान परंपरा को हमारा प्रणाम।

7

दत्त वज्र कवच सिद्धि वाले महात्मा

हम कुछ सालों पूर्व कुछ समय विशेष अनुष्ठान के लिए गिरनार में थे। जहां हमारा गुरु आज्ञा अनुसार विशेष अनुष्ठान ३१ दिनों का चल रहा था। जिसमें हमारी मुलाकात अत्यंत विचीत्र लेकिन अत्यंत प्रभावशाली ऐसे महात्मा से केवल १ दिन के लिए हुई जो दिगंबर अवस्था में रहते थे। उनकी स्थिति हमेशा आत्मानंद में रहती थी। असल में वो अनेक स्थान पर शून्य मार्ग से घूमते रहते। साथ ही ब्रह्मा अवस्था में रहने पर वो हवा पर या किसी भी नुकीली चीज पर आसानी से चल सकते थे। साथ ही सामान्य अवस्था होने पर और उनकी इच्छा होने पर ही किसी से बात करते हैं।

बारिश के दिन थे और अचानक जोर से बिजली कड़की और सामने वाली गुफा में कुछ पत्थर गिरने की आवाज आई और हम दो तीन साधक देखने के लिए गए (गिरनार के आसपास कुछ विशेष गुप्त गुफाए है। वहां अनेक साधक और सिद्ध आज भी साधना करते है) तो उस गुफा के अंदर वो महात्मा बड़े आनंद और चिंता के बिना ही आराम से बैठे थे। हमने पूछा, आप स्वस्थ तो हो ना? कुछ समस्या तो नहीं हुई महाराज जी? उन्होंने हमें अंदर बुलाकर कहा कि हम बिलकुल ठीक हैं। इन बाहरी चीजों में इतनी शक्ति नहीं कि वे हमें हानि पहुंचा सकें। फिर उन्होंने कहा कि अभी यही रुक जाओ सुबह चले जाना। फिर उनसे बात करने का सुनहरा अवसर मिला और अत्यंत दिव्य अनुभव वहां प्राप्त हुआ।

प्रश्न: बाबाजी दत्त संप्रदाय की कौन-सी साधना आपको पसंद है?

उत्तर: दत्त संप्रदाय में तंत्र मार्ग हो या अवधूत संप्रदाय हो हमने अनगिनत साधनाए करके देखी है। लेकिन हमे विशेष ३ साधनाएं अत्यंत प्रिय है। दत्त योग सिद्धि मंत्र, दत्त माला मंत्र साधना और अत्यंत गुप्त मधुमति साधना हमें अद्भुत लगती हैं।

प्रश्न: इन साधनाओं से क्या प्राप्त होता है? इन साधनाओं का उद्देश्य क्या है?

उत्तर: सभी साधनाओं का केवल एक ही उद्देश्य है, वो है संपूर्ण ज्ञान की प्राप्ति तथा दत्त स्थिति की प्राप्ति और साक्षात्कार। क्योंकि सभी मार्ग ब्रह्म स्थिति के लिए ही बने हैं। लेकिन रिद्धि, सिद्धि तथा क्षुद्र सिद्धि प्राप्ति के लिए जो साधक साधना करते है, वो असल में दत्त संप्रदाय को समझ नहीं पाते। असल में दत्त संप्रदाय गुरु के अधीन है, दत्त भगवान के अधीन है। दत्त कृपा होने पर सभी सिद्धियाँ ज्ञान दत्त कृपा से स्वयं ही प्रगट होती हैं। लेकिन साधक छोटी और क्षुद्र बातें प्राप्त करने के लिए ऐसी दिव्य परंपरा के दिव्य मंत्रो का प्रयोग करते हैं और उनका जीवन ज्ञान से वंचित रखते हैं।

प्रश्न: सामान्य साधकों ने दत्त संप्रदाय के कौन से मंत्र की साधना करनी चाहिए? या साधना की शुरुवात कहा से करे?

उत्तर: वैसे सामान्य साधकों को के लिए गुरु मंत्र ही सर्व कार्यसिद्धि मंत्र होता हैं। लेकिन सिर्फ दत्त वज्र कवच साधना भी साधकों के भौतिक समस्या निवारण तथा अनेक आध्यात्मिक शक्ति प्रदान करने के लिए काफी है।

प्रश्न: दत्त वज्र कवच तो केवल स्तोत्र मात्र है। उससे क्या दैवीय लाभ होंगे ?

उत्तर: दत्त वज्र कवच कोई स्तोत्र नहीं है। इसे केवल स्तोत्र समझना याने कि इसके शक्ति को कम आंकने जैसी बात है। दत्त वज्र कवच एक आशीर्वाद है एक उपकार है संपूर्ण मानव जाति पर जो ऐसे शक्तिशाली स्तोत्र की निर्मिती हमारे ऋषि मुनियों ने की। इस स्तोत्र की शक्ति की आज सामान्य साधकों को कोई कल्पना नहीं है।

प्रश्न: इस स्तोत्र का महत्व कृपया करके स्पष्ट करने की कृपा करें।

उत्तर: व्यास जी ऋषियों से कहते हैं कि भगवान शंकर ने पार्वती जी से इस परम गुप्त और कल्याणकारी स्तोत्र को कहा था। जो व्यक्ति इस वज्रकवच का पाठ करता है वह भी परम सिद्ध दत्तात्रेय जी के समान ही समस्त गुणों से संपन्न हो जाता है।

आगे उन्होंने कहा कि दत्तात्रेय वज्र कवच का हर एक श्लोक मंत्रमय है। इस स्तोत्र के हर श्लोक का मंत्र रूप, जाप और सिद्धि विधान है। हर मंत्र को अलग से सिद्ध करके इसका विनियोग करना मुमकिन है। और इस स्तोत्र को आध्यात्मिक

सिद्धियों का भंडार बताया गया है।

अत्यंत प्राचीनकाल से देह सिद्धि की प्रक्रिया के लिए अनेक साधनाए की जाती थी। लेकिन एक रहस्यमय विधि दत्त संप्रदाय में अनेक सदियों से चलती आ रही है। जिसमें दत्त वज्र कवच का प्रयोग किया जाता है।

देह सिद्धि, वायु बंधन, तथा अनेक प्रकार के देवता का दर्शन, सिद्ध गंधर्व की साधना का भी फल केवल दत्त वज्र कवच की साधना से प्राप्त होता है।

इसके पाठ मात्र से बुरी शक्ति, रोग,गुल्म व्याधि, तथा बड़े से बड़ा रोग आदि सहज ही नष्ट होते हैं। इसके साथ ही दरिद्रता, ग्रह दोष, भूत प्रेत से भी तत्काल संरक्षण की अनोखी शक्ति इस वज्र कवच में विद्यमान है। इसको योग्य तरीके से सिद्ध करने पर देह वज्रवत होकर सिद्धि प्राप्ति होती है।

प्रश्न: क्या सच में इस वज्र कवच से भौतिक विपत्ति या भौतिक वस्तुओं से भी रक्षा होना मुमकिन है?

उत्तर: अभी जो, गुफा में पत्थर गिरा वो हमतक पहुंच नहीं पाया क्योंकि हम वज्र कवच पाठ कर रहे थे। इस पाठ से सच में आप के आजू बाजू ऐसे कवच का निर्माण भौतिक स्तर पर होता हैं कि उसको भेद कर आने का सामर्थ्य किसी भौतिक चीज में नहीं है।

ऐसा कहते हुवे एक सर्प की और देखते हुवे उन महात्मा ने एक सर्प की ओर देखकर हमें कहा वो सर्प को आने दो, देखते ही देखते वो सर्प महाराज जी के सामने आकर रुक गया, और उसके ऊपर कुछ मंत्र जप करके उन्होंने उस सर्प को कंकड मारे, और वो सांप अचानक स्तब्ध होकर रह गया। उसके बाद उन्होंने कहा कि अब इसके और कुछ भारी चीज फेककर देखो,तब हमने कुछ कंकड़, कुछ पत्थर जो छोटे थे वो फेंक कर देखे। आश्चर्य की बात थी कि एक भी पत्थर उस सर्प तक नहीं पहुंचा और बीच में ही जल गया या हवा में गायब हुआ। ऐसे में उन महात्माओं ने कहा कि और कुछ पत्थर फेंककर देखो उसके बाद कुछ बड़े पत्थर, और एक साधक ने तो उस सर्प पर पानी भी फेंका तब तो हमने स्वयं की आंखों से पानी की बाफ़ बनते देखा।

इस पर उन महात्मा ने कहा ये कोई सामान्य कवच नहीं है। इसे कोई भी चीज भेदने की शक्ति नहीं रखती। चाहे वज्र क्यों न हो? इस स्तोत्र को वज्र कवच कहा गया है क्योंकि इसके पाठ से शरीर वज्र जैसा होता हैं। और कवच में भी ऐसा वर्णन है ।

दत्तात्रेय जी कहते हैं कि जो मेरे इस वज्रकवच का पाठ एवं श्रवण करता है उसका संपूर्ण शरीर वज्र का हो जाता है और उसकी आयु भी अतिदीर्घ हो जाती है

इसके साथ में इस वज्र कवच के बारे में और भी कहा गया है।एकमात्र यह स्तोत्र धर्म, अर्थ, काम और मोक्ष सबका संपादन करने वाला है तथा हाथी, घोड़ा, रथ तथा पादचारी चतुरंगिणी सेना और संपूर्ण ऐश्वर्यों को प्रदान करने वाला है।

यह सब प्रकार के क्लेशों को नष्ट करने वाला तथा सभी प्रकार से सुख-सन्तोषों को प्रदान करने वाला है। इसका पाठ तत्काल सभी काम, क्रोध आदि आंतरिक और बाह्य-शत्रुओं का संहार कर यश और कीर्ति का विस्तार करता है।

यह आठ प्रकार के महारोगों, तेरह प्रकार के सन्निपातों, छियानवें प्रकार के नेत्र-रोगों और बीस प्रकार के प्रमेह, अठारह प्रकार के कुष्ठ, आठ प्रकार के शूल-रोग, अस्सी प्रकार के वात-रोग, चालीस प्रकार के पित्त रोग, बीस प्रकार के कफ संबंधीत रोग, साथ ही क्षय रोग, चतुराहिक, तिजरा और बारी आदि से आने वाले ज्वर एवं मन्त्र-यन्त्र, कुयोग, टोटका आदि से उत्पन्न रोग, दु:ख, पीड़ा आदि भी नष्ट हो जाते हैं।

भूत, प्रेत, ब्रह्मराक्षस, कूष्माण्ड आदि से होने वाले दैवी प्रकोप और दुष्ट ग्रहों के द्वारा गोचर से उत्पन्न अनेक प्रकार की पीड़ाएँ स्पर्श दोष से उत्पन्न होने वाली छूआछूत की बीमारियाँ और विभिन्न देश, काल से उत्पन्न होने वाली प्रतिश्याय (जुकाम आदि) शीत ज्वर (मलेरिया आदि) तथा तापत्रयों (आधिदैहिक, आधिदैविक तथा आधिभौतिक) का इससे शमन हो जाता है।

इस पाठ के असाधारण दिव्य लाभ है जो साधकों को प्राप्त होते है।

इस कवच के सहस्त्रावर्तन, हजार बार पाठ करने से नवग्रह से उत्पन्न, पूर्व जन्म के पातक-महापातकों से उत्पन्न सभी रोग, दु:ख सर्वथा एवं निश्चित रूप से नष्ट हो जाते हैं।

इसके दस हजार बार पाठ करने से वन्ध्या स्त्री को भी सुलक्षण पुत्र प्राप्त हो जाता है और इसके बीस हजार बार पाठ करने से अकाल मृत्यु भी दूर हो जाती है।

इसके तीस हजार पाठ करने से साधक आकाशगमन की शक्ति प्राप्त कर लेता है और हजार से लेकर दस हजार तक की संख्या में पाठ करते न करते सारी कामनाएँ पूर्ण हो जाती हैं। इसके एक लाख आवृत्ति से नि:संदेह साधक के सभी कार्य सिद्ध हो जाते हैं

तेज, ओज और बल की कामना से पीपल के वृक्ष के नीचे, विवाह की इच्छा से नवीन आम्र के वृक्ष के नीचे तथा ज्ञान की इच्छा से तुलसी वृक्ष के नीचे एवं पुत्र की कामना वालों को भगवान के मंदिर के गर्भगृह में बैठकर इसका पाठ करना चाहिए।

इस तरीके से इस वज्र कवच के अनेक ओर अनगिनत लाभ है। अनगिनत प्रयोग हैं। जो स्वामीजी ने बताए, और उन महात्मा ने न जाने कितने रहस्य बताए और अनेक चीजें दिखाईं। जिनके बारे में बात करना अभि संभव नहीं है।

बताने जैसी अनेक बातें हैं, लेकिन स्वामी जी अत्यंत प्रभावशाली और तंत्र के शक्तिशाली महात्मा थे। इनके साथ अनेक रहस्य अनुभव पूर्ण तरीके से समझ में आए। ऐसे परम शक्तिशाली महात्मा को प्रणाम।

8

दत्त यंत्र साधना वाले गिरनारी बाबा

ये महात्मा अनेक सालों तक गिरनार क्षेत्र में साधना के लिए गए थे। उसके बाद इन्होंने दत्त गुरु की आज्ञा से तिब्बत की और प्रस्थान किया और आगे ये एक सिद्‌ध मठ में निवास करते हुए अनेक साधनाए उच्च साधकों को सीखाने का कार्य करने लगे। कहा जाता है कि इनकी उम्र तकरीबन १२० साल से ज्यादा ही होगी ।

यंत्र विद्‌या का अत्यंत श्रेष्ठ ज्ञान इनके पास था। साथ में ये अनुभवजन्य तरीके से साधकों को सिखाने का कार्य करते थे।

जब हम कुछ साधकों के साथ इस स्थान पर पहुंचे तब हमें कुछ महत्वपूर्ण तैयारी करने के लिए और सेवा के लिए भेजा गया था।अनेक साल गिरनार में रहने के कारण सब इन्हें गिरनारि बाबा कहकर पुकारते थे। तकरीबन पहले आठ-दस दिन बहुत ज्यादा काम होने की वजह से हमे वहां ज्यादा किसी से बात करने का अवसर नहीं मिला। लेकिन एक दिन सुबह वहाँ यज्ञ की तैयारी चल रही थी। और कुछ सामग्री कम पड़ रही थी। उस सामग्री में खास करके घी और कुछ पुष्प थे जो कम पड़ गए थे, इसलिए सब चिंतित थे। तभी वहां अचानक न जाने एकाएक एक महात्मा प्रगट हुए और पूछने लगे क्यों चिंता में हो?

तब एक शिष्य ने कहा कि बाबा जी कुछ सामग्री कम पड़ रही है। अनुष्ठान का समापन यज्ञ चल रहा है । तभी वो कहने लगे, भगवान का कार्य है; इसमें कभी न्यूनता नहीं आ सकती। ऐसा कहकर उन्होंने घी पात्र को लेकर एक यंत्र पर रखा और कहा जितना चाहिए उतना लो और कार्य पूरा करो। और इसके बाद सब आवाक हुए क्योंकि उस पात्र से तकरीबन ३ घंटे तक घी लेने के बावजूद भी घी

खत्म नहीं हो रहा था। और कुछ पुष्प भी उस यंत्र से बाहर निकालकर वो सभी को देने लगे।

थोड़े देर बाद उन्होंने पूछा कि और कुछ कमी है? तब सभी ने कहा नहीं बाबाजी कोई कमी नही है। उसके बाद मुस्कुराकर उन्होंने कहा, साक्षात अन्नपूर्णा माता इस स्थान पर हैं। कुछ कमी नहीं होगी। और कुछ मिठाई उन्होंने उस पात्र से निकाली और सबको बाटी। सबने खाकर देखा तो ताजी गर्म घी से बनी मिठाई थी। और मानो हलवाई ने अभी-अभी परोसकर दी हो। उसकी अलग मिठास थी। ये सब देखकर हमें भी अत्याधिक आश्चर्य हुआ और हमने उन्हें प्रणाम किया।

वो महात्मा त्रिकालज्ञानी थे। उन्होंने हमें देखकर पूछा, तुम तो अभी यहां इस यज्ञ पर संदेह कर रहे थे? तुम्हे लग रहा था कि कितनी खराब व्यवस्था की है, कि कुछ भी पूर्ण नहीं है। तब हमने माफी मांगी। तब वो हंसकर बोले, तुम्हें रसगुल्ला चाहिए क्या? तब उन्होंने उसी पात्र के माध्यम से रसगुल्ला निकालकर खुद हमें खिलाया। मानो इनका कुछ पुराना संबध हमसे है और ह्रदय में इनकी एक अलग से जगह बनी जैसे हमारे घर के बड़े बुजुर्ग हों। उसके बाद उन्होंने कहा शाम में हमे मिलना और ऐसा बोलकर वो वापस काम में व्यस्त हुवे और बाद में अपने कक्ष में गए।

बाद में उनका नाम हमें पता चला उनका नाम गिरनारी बाबा ऐसे बताया। और वो उस स्थान के मुख्य आचार्य थे जो कभी भी कहीं पे भी प्रकट होने का सामर्थ्य रखते। अणिमा, लघिमा आदि अष्ट महासिद्धि और नौ निधि भी इन्हें सिद्ध थी। और साथ में रोग निवारण की इन्हें विशेष सिद्धि थी। ये पलक झपकते ही रोग का नाश करते थे। किसी की ओर देखते तो एक क्षण में ही रोग निवारण हो जाता। और ह्रदय से इनके एक मंत्र जप की ध्वनि बाजू में बैठे लोगों को सुनाई देती थी, ऐसा लोग कहते थे।

वह दिन जैसे का तैसा ही बीता, पर जो कुछ हमने वहाँ देखा, वह अत्यंत चमत्कारिक था। उन्हीं अनुभवों में डूबे-डूबे कब आँख लग गई, पता ही नहीं चला। जब नेत्र खुले, तब तक साधना का समय हो चुका था। नियत समय पर साधना पूर्ण करने के बाद हम पुनः उनके पास पहुँचे और श्रद्धापूर्वक प्रणाम किया।

इसके पश्चात उनके साथ हमारी एक विशेष वार्ता हुई। उस संवाद में उन्होंने हमारे जीवन से जुड़ी अनेक अद्भुत और रहस्यमय बातें बताईं ऐसी बातें, जिन्हें सुनकर हम आश्चर्यचकित रह गए। अंत में उन्होंने शांत स्वर में कहा, “यदि तुम्हें कुछ पूछना है, तो निःसंकोच पूछो।”

"बाबा जी, आपके पास ऐसी कौनसी विद्या है, जिसके द्वारा आप यह सब कर पाते हैं?"

उन्होंने हल्की मुस्कान के साथ उत्तर दिया, "हमारे पास अलग से कोई विशेष विद्या नहीं है, किंतु दत्ता यंत्र सिद्धि के माध्यम से अनेक प्रकार की सिद्धियाँ स्वतः प्राप्त हो जाती हैं। इस यंत्र में असंख्य शक्तियाँ निहित हैं यह विभिन्न देवताओं की सिद्धियों की कुंजी है, जिसकी कल्पना करना भी सहज नहीं है।"

यह कहते हुए उन्होंने अपने सामने रखे यंत्र पर थोड़ासा जल छिड़का और हमें पूछा, "बताओ, इस जल की सुगंध कैसी है?"

हमने ध्यान से अनुभव किया तो आश्चर्यचकित रह गए। उस साधारण जल से चंदन की मधुर सुगंध आ रही थी। इसके बाद उन्होंने वही क्रिया तीन-चार बार दोहराई, और हर बार उस जल से भिन्न-भिन्न दिव्य सुगंध प्रकट होने लगी।

हमने विस्मित होकर पूछा, "क्या यह कोई चमत्कार है?"

वे शांत स्वर में बोले, "इसे चमत्कार मत कहो, यह यंत्र विद्या का प्रभाव है,एक सूक्ष्म विज्ञान, जिसे साधना और सिद्धि के माध्यम से अनुभव किया जाता है।"

प्रश्न: क्या यंत्र विद्या से यह सब मुमकिन है ?

उन्होंने उत्तर दिया, "जब वास्तव में यंत्र की सिद्धि हो जाती है और साधक का संबंध उसमें निहित देवताओं से स्थापित हो जाता है, तब अनेक प्रकार के अनुभव और ज्ञान यंत्र के माध्यम से प्राप्त होने लगते हैं। यंत्र केवल एक ज्यामितीय आकृति नहीं है, बल्कि चेतना को केंद्रित करने और सूक्ष्म स्तर पर साधना को गहराने का एक माध्यम है।

यंत्र साधना के द्वारा साधक अपनी अंतःशक्ति को संतुलित और जागृत कर सकता है। यह प्रक्रिया बाहरी चमत्कारों से अधिक आंतरिक परिवर्तन से जुड़ी होती है। जब साधना विधिपूर्वक और गुरु के मार्गदर्शन में की जाती है, तो साधक की एकाग्रता, अनुभूति और समझ में गहराई आती है, जिससे उसे सूक्ष्म स्तर के अनुभव होने लगते हैं।

उन्होंने यह भी संकेत दिया कि यंत्र, मंत्र और ध्यान के समन्वय से साधक अपनी चेतना को उच्च स्तर तक ले जा सकता है। परंतु इसे सरल या त्वरित परिणाम देने वाली प्रक्रिया मानना उचित नहीं है यह निरंतर अभ्यास, संयम और सही दिशा की माँग करती है।

अंततः, जब साधक इस विज्ञान को सही रूप में समझकर साधना करता है, तो उसमें एक विशेष स्थिरता, स्पष्टता और आंतरिक शक्ति विकसित होती है, जो उसके जीवन को एक नए स्तर पर ले जाती है।"

प्रश्न:आपने कौन से यंत्र की सिद्धि की है और यह विद्या कैसे सीखी?

उत्तर: उन्होंने आगे कहा, यह सब हमें किसी अलग विधा से नहीं, बल्कि एक ही साधना से दत्त यंत्र की उपासना से प्राप्त हुआ है। दत्त यंत्र साधना के माध्यम से साधक को अनेक सूक्ष्म क्षमताएँ स्वतः प्राप्त होने लगती हैं, जिनकी सामान्यतः कल्पना करना भी कठिन है।

जो साधक विधि, अनुशासन और श्रद्धा के साथ दत्त यंत्र की साधना करता है, उसे धर्म, अर्थ, काम और संकल्प-सिद्धि जैसे फल प्राप्त हो सकते हैं। इस यंत्र में गहन आध्यात्मिक संभावनाएँ निहित हैं, जो साधक के अंतर्मन और साधना की गहराई के अनुसार प्रकट होती हैं।

उन्होंने यह भी संकेत दिया कि दत्त यंत्र केवल बाहरी चमत्कारों का माध्यम नहीं, बल्कि एक आंतरिक रूपांतरण की प्रक्रिया है—जहाँ साधक का मन, चेतना और जीवन-दृष्टि धीरे-धीरे परिवर्तित होती है। साधना की निरंतरता, संयम और समर्पण के साथ, अपेक्षाकृत कम समय में भी साधक गहन अनुभवों तक पहुँच सकता है।"

प्रश्न:दत्तयंत्र मैं ऐसी क्या विशेषताएं हैं?

उत्तर: दत्ता यंत्र एक तरीके से कहां जाएं तो अनेक प्रकार के मंत्र बीज मंत्र का एक तरीके से समूचे समूह है। तकरीबन 64 प्रकार की देवता ओके कृपा केवल डेट यंत्र के सामने विशेष मंत्र जाप से होती है। माता अन्नपूर्णा माता लक्ष्मी शिवाजी तथा भेरुजी की कृपा भी दत्त यंत्र के सामने साधना करने से होती है। इसलिए यंत्र के माध्यम से अनेक प्रकार की शक्तियों का निर्माण करना और शक्ति के माध्यम से यंत्र को चलित करना यह महत्वपूर्ण रहस्य है। यह विशेषज्ञ ज्ञान साधन ने जरूर प्राप्त करना चाहिए।

प्रश्न: यंत्र साधना को कैसे सीखना चाहिए ?

उत्तर: सबसे पहले भूत शुद्ध और भूत लिपि का ज्ञान साधन को होना चाहिए। इसके बाद उसे विशेष लिपि की साधना करके पहले अक्षरों को सिद्ध करना जरूरी है । अक्षर के बाद वर्णों को सिद्ध करना जरूरी है। जैसे ही वरुण सिद्धि होती है वैसे ही अपने जीवन में सभी प्रकार के मत्रों को सिद्ध करने की मानो कुंजी सड़क को प्राप्त होती है। बस इसी विधि के अनुसार साधना करने से संपूर्ण सिद्ध साधक को प्राप्त होगी। और यंत्र सिद्धि भी प्राप्त होगी।

प्रश्न : यंत्र सिद्धि प्राप्त हुई है यह हमें कैसे ज्ञात होगा

उत्तर: सत्यमेव यंत्र सिद्ध होने लगता है यंत्र से प्रकाश आना शुरू होता है। यंत्र के चैतन्य के माध्यम से नंतर से खुशबू आना शुरू होता है दिव्या गढ़ना शुरू होता

है। यंत्र में जितनी भी बी है सबको शक्ति और देवता के स्वरूप में दृश्य दिखाई देना शुरू होता है। जब संपूर्ण यंत्र शुद्ध और सिद्ध हो का यंत्र के सुपर ध्यान करते ही देवता का स्पष्ट दर्शन होने से समझेंगे कि यंत्र सिद्ध हो चुका है।

प्रश्न:क्या संपूर्ण यंत्र सिद्धि आज भी देखने के लिए मिलती है?

उत्तर: जो संपूर्ण सिद्ध योगी है उसके लिए संकल्प शक्ति के माध्यम से ही यंत्र सिद्धि को प्राप्त करना मुमकिन है। चाहे कौन सा भी दूर हो कौन सा भी युग हो संपूर्ण अनुशासन के साथ अगर साधना की जाए गुरु की संकल्प शक्ति हो तो यंत्र के द्वारा सभी प्रकार की शक्तियों को कार्य निहित करना जागृत करना यह अत्यंत सरल प्रक्रिया है। यंत्र साधना कोई सामान्य साधन नहीं है अभी तो योग के अत्यंत सिद्ध साधु की यंत्र की विज्ञान को संपूर्ण समझने का सामर्थ्य रखते हैं। यंत्र का विज्ञान जो साधक समझते हैं उसकी प्रकृति के ऊपर भी संपूर्ण उनके महारत हासिल होती है।

प्रश्न: दत्त माला मंत्र का और दत्त यंत्र का कुछ संबंध है क्या?

उत्तर: दत्त यंत्र और दत्त माला मंत्र वास्तव में एक ही सत्य के दो रूप हैं। जब साधक एकाग्रता और श्रद्धा से दत्त माला मंत्र का जप करता है, तो उसकी सूक्ष्म तरंगों के माध्यम से भीतर ही भीतर दत्त यंत्र की आकृति का उद्भव होने लगता है।

सभी यंत्र मूलतः मंत्र की शक्ति से ही प्रकट होते हैं। जब मंत्र का जप गहन एकाग्रता और दिव्य दृष्टि के साथ किया जाता है, तो संबंधित देवता स्वयं ही यंत्र के स्वरूप में अनुभव होने लगते हैं। उस अवस्था में यंत्र केवल एक आकृति नहीं रहता, बल्कि चेतना का सजीव माध्यम बन जाता है।

वास्तव में यंत्र और देवता में कोई भेद नहीं है। यह भेद केवल सामान्य दृष्टि को प्रतीत होता है। जब साधक यंत्र-विज्ञान में पारंगत हो जाता है, तब उसे संपूर्ण ब्रह्मांड, यंत्र और देवता तीनों एक ही चेतना के विभिन्न रूप दिखाई देते हैं। उस स्थिति में सब कुछ एक ही परम सत्य का विस्तार अनुभव होता है।

प्रश्न: क्या देवताओं का स्वरूप और यंत्र स्वरूप एक ही हैं?

उत्तर: यंत्र स्वरूप और देवता स्वरूप में मूलतः कोई भेद नहीं है। यंत्र पर अंकित बीज मंत्र केवल प्रतीक नहीं होते; जब साधक उन्हें श्रद्धा और एकाग्रता से जपता है, तो उन्हीं बीज ध्वनियों के माध्यम से उस देवता के स्वरूप और उसके सूक्ष्म अवयवों का आंतरिक अनुभव प्रकट होने लगता है।

यदि कोई साधक पूर्ण निष्ठा और शुद्ध भाव से दत्त यंत्र के समक्ष दत्त माला मंत्र का जप करता है, तो उसकी चेतना में जो रूप उदित होता है, वह दत्तात्रेय का ही दिव्य स्वरूप होता है। यह बाहरी दृश्य से अधिक एक आंतरिक साक्षात्कार होता

है, जहाँ साधक की साधना और यंत्र की शक्ति एक हो जाती है।

अनुभवों में भी यह देखा गया है कि जब किसी विशेष यंत्र की विधिपूर्वक स्थापना कर उसके सामने साधना की जाती है, तो उस यंत्र से संबंधित देवता का अनुभव अधिक सजीव हो उठता है। इसी कारण प्राचीन परंपराओं में घरों और मंदिरों में विभिन्न देवताओं के यंत्र स्थापित कर साधना की जाती थी।

यही यंत्र साधना और यंत्र सिद्धि का गूढ़ रहस्य है, जहाँ मंत्र, यंत्र और साधक, तीनों अंततः एक ही चेतना में विलीन हो जाते हैं।

प्रश्न: यंत्र सिद्धि के कुछ आसान विधि बताइए।

उत्तर: गुरु के मार्गदर्शन में ही इस प्रकार की साधना का वास्तविक अर्थ समझ में आता है। उन्होंने समझाया कि किसी भी विशेष मंत्र की साधना यंत्र के समक्ष नियम, शुद्धता और निरंतरता के साथ करनी चाहिए। यंत्र के प्रत्येक बीज मंत्र को अत्यंत सावधानी और एकाग्रता से सिद्ध करना आवश्यक होता है। जब ये बीज धीरे-धीरे जागृत होने लगते हैं, तब गुरु की आज्ञा से साधक को आगे के सूक्ष्म मंत्रों का जप आरंभ करना चाहिए।

इसके पश्चात, साधक जब अपने चक्रों पर देवताओं के बीज मंत्रों का ध्यान करता है, तो उसकी आंतरिक चेतना में गहरा परिवर्तन होने लगता है। यह प्रक्रिया बाहरी प्रदर्शन नहीं, बल्कि भीतर घटने वाला सूक्ष्म अनुभव है, जो साधना की प्रगति के साथ स्पष्ट होता जाता है।

उन्होंने यंत्र की विविध रचनाओं, उनके प्रयोगों और साधना के अनेक आयामों के बारे में भी विस्तार से बताया कैसे यंत्र के माध्यम से देवता का अनुभव किया जा सकता है, और किस प्रकार विभिन्न मंत्रों की सिद्धि प्राप्त होती है।

हालाँकि, उन्होंने यह भी स्पष्ट किया कि ऐसे कई रहस्य सार्वजनिक रूप से बताना उचित नहीं होता। पर इतना अवश्य कहा कि यदि सही मार्गदर्शन और अनुशासन के साथ साधना की जाए, तो यंत्र साधना साधक को गहन ज्ञान और आंतरिक विकास की दिशा में आगे बढ़ा सकती है।

उन्होंने हमें ऐसी अनेक गूढ़ और रहस्यमयी बातें बताईं, जिन्हें शब्दों में बाँधना भी कठिन है और जिन्हें सबके सामने प्रकट करना उचित भी नहीं है। वह ज्ञान केवल सुनने के लिए नहीं, बल्कि अनुभव करने और साधना में उतारने योग्य था। हर एक बात में एक गहराई थी, एक ऐसा संकेत था जो सीधे अंतर्मन को स्पर्श कर रहा था।

उनके साथ बिताया गया वह समय जैसे किसी अन्य लोक का अनुभव था जहाँ समय का भान नहीं रहता, केवल ज्ञान और शांति का प्रवाह होता है। मन बार-बार

चाहता था कि यह क्षण यहीं ठहर जाए, यह संग कभी समाप्त न हो। परंतु संसार का नियम है कि हर मिलन के साथ एक वियोग भी जुड़ा होता है।

अंततः वह समय भी आया जब हमें वहाँ से विदा लेना पड़ा। हृदय अत्यंत भारी हो गया, भीतर एक अजीब-सी रिक्तता और वेदना का अनुभव हो रहा था। ऐसा लग रहा था मानो हम अपने किसी अत्यंत अपने से दूर हो रहे हों।

दुखी अंतःकरण से हमने उन्हें प्रणाम किया और वहाँ से प्रस्थान किया, लेकिन उनके द्वारा दिया गया ज्ञान, उनकी कृपा और वह दिव्य अनुभूति हमारे भीतर सदा के लिए अंकित हो चुकी थी।

आज भी तिब्बती और भारतीय ज्ञान परंपरा ऐसे ही दिव्य गुरुओं से आलोकित है। अनगिनत तपस्वी ऋषि, योगी और ज्ञानी महात्माओं की अखंड कृपा से यह सनातन ज्ञान धारा युगों-युगों से प्रवाहित होती हुई आज तक हम तक पहुँची है। यह केवल पुस्तकों का ज्ञान नहीं, बल्कि अनुभव, साधना और त्याग से सिंचित वह जीवंत परंपरा है, जिसने मानवता को दिशा दी है।

इन महान आत्माओं ने अपने जीवन को तप, साधना और सेवा में समर्पित कर दिया, ताकि आने वाली पीढ़ियाँ इस दिव्य मार्ग से जुड़ सकें। उनके द्वारा स्थापित गुरुपरंपरा केवल शिक्षण का माध्यम नहीं, बल्कि चेतना के जागरण का पथ है। गुरु से शिष्य तक, और शिष्य से आगे यह ज्ञान एक दीप से दूसरे दीप तक निरंतर प्रज्वलित होता रहा है।

तिब्बत की गूढ़ साधनाएँ और भारत की सनातन परंपरा, दोनों ही इस दिव्य ज्ञान के अद्भुत स्रोत हैं। इनका मूल एक ही हैआत्मसाक्षात्कार और परमसत्य की अनुभूति।

हम विनम्र भाव से इस महान परंपरा को नमन करते हैं। उन सभी ज्ञानी गुरुओं, तपस्वी ऋषियों और दिव्य महात्माओं को हमारा कोटि-कोटि प्रणाम, जिनकी कृपा और संरक्षण से यह अमूल्य ज्ञान आज भी जीवित है और मानवता का मार्गदर्शन कर रहा है।

9

दत्त माला मंत्र के २१ प्रयोग

१ .कार्य सिद्धि :

दत्त माला मंत्र का रोज ११-२१ बार जाप लगातार ३ माला तक घी का दिप लगातार आसन के ऊपर बैठकर करने से इच्छीत कार्य की सिद्धि होती है।

२. धन समस्या :

लगातार धन और कर्ज की समस्या होने पर दिया हुआ प्रयोग करने से कर्ज और धन की समस्या अंत होगी।

पिले वस्त्र पर बैठकर पश्चिम दिशा की तरफ मुख करके २१ बार कमल की माला पर दत्त माला मंत्र का जप श्री बीज लगातार करने से धन की समस्या समाप्त होती है।

इसके साथ में अगर सामने सिद्ध श्री यंत्र रखकर जाप किया जाए तो अद्भुत परिणाम देखने को मिलते हैं।

३. बाधा नाश:

हल्दी माला पर पूर्व की और मुख करके हंसी मुद्रा करके सूर्य ध्यान करते हुवे पाश बीज लगाकर जाप करने से (७ माला) २१ दिनों से समस्त बाधाओं का नाश होगा।

४. रोग निवारण प्रयोग :

दत्त माला मंत्र का रोग निवारण प्रयोग कुछ इस तरीके से है। दत्त माला मंत्र का रोग निवारण प्रयोग कुछ इस तरीके से है। एक सिद्ध कांस्यपत्र लेकर उसमे पानी डालकर सामने रखे, उसके बाद दत्त माला मंत्र का जाप करे ऐसा लगातार ५ रात्री

करने से समस्त रोगों का नाश होगा।

५. रक्षा प्रयोग :

जो साधक हमेशा डर या शत्रुओं से परेशान रहते हैं। हमेशा जिनके विपरीत शत्रु कार्य करते है। उन्हें इस प्रयोग को करना चाहिए।

हाथ में अक्षता लेकर २१ बार जाप आसन पर बैठकर पश्चिम या उत्तर दिशा की और मुख करके हंसी मुद्रा करते हुए अगर साधक ७ दिन दत्त माला मंत्र का जाप पाश बीज लगाकर करने से अक्षताए सिद्ध होती है। इन अक्षता का किसी भी स्थान में सभी कोनो में डालने से तत्काल साधक सुरक्षित होता है।

६. कर्ज निवारण प्रयोग :

पूर्व की और मुख करके खड़े रहकर ३ बार दत्तात्रेय वज्र कवच का पाठ करे उसके बाद पिले वस्त्र पर सरसो को हाथ में लेकर (श्री) बीज द्वारा करके ७ माला ७दिन तक जाप करे ऐसा करके बाद में हाथ में लि हुई सरसो एक पिले वस्त्र में बांधकर तिजोरी में रखे १ महीने में कर्ज समस्या का अंत होगा।

७. आरोग्य प्राप्ती प्रयोग :

केवल दत्त वज्र कवच का नियमित बार २१ दिन तक जाप करने से बिना वजा से होने वाले रोग या अचानक आनेवाली सभी समस्या का समाधान होकर आरोग्य की प्राप्ती होती है।

८. विप्पति नाश :

दक्षिण दिशा की और मुख करके मृगी मुद्रा करते हुए पाश बीज लगाकर १२१ बार दत्त माला मंत्र का जाप करने से २१ दिन की समस्या अपने आप निवारण होती है।

९. बुद्धि वर्धन प्रयोग :

दत्त माला मंत्र के अंतर्गत अनेक प्रकार के मुख्य देवताओं का आवाहन हे। उसमें सरस्वती बीज का विशेष ऐसा प्रयोग करने से दिव्य मेधा और बुद्धि की प्राप्ति होती है। जिन जातक को स्मरण शक्ति तथा प्रभ्या शक्ति बढ़ने को उन सभी साधको ने विशेष बुद्धि वर्धन प्रयोग करना चाहिए।

पाश बीज से संपुटित करके सरस्वती बीज लगाकर दत्त माला मंत्र का रोज सुबह ५१ बार जाप करना चाहिए पाश बीज से संपुटित करके सरस्वती बीज लगाकर दत्त माला मंत्र का रोज सुबह ५१ बार जाप करना चाहिए ऐसा लगातार २१ दिने तक करने से विशेष प्रज्ञा साधक को प्राप्त होगी।

१०. ग्रह दोष नाश

जिन भी साधको को ग्रह दोष की समस्या है उन सभी साधको ने इस ग्रह प्रयोग से सभी ग्रहो की शांति करनी चाहिए।

११ बार दत्तात्रेय वज्र कवच का पाठ करके माया बीज से संपुटित दत्त माला मंत्र का ९ माला जाप लगातार १ माह तक करने से सभी ग्रहो के समस्या में कमी दिखाई देना शुरू होता है। और ३ माह के प्रयोग से सभी प्रकार की ग्रह बाधा का नाश होता है।

११. मंत्र सिद्धि :

मंत्र सिद्धि के लिए साधको को जिस देवता के मंत्र सिद्धि करना हो , उस देवता के बीज मंत्र का रोज ७ माला जाप करे और उसके बाद १ माला उस बीज मंत्र का ध्यान करते हुए ह्रीं बीज लगाकर मात्र जाप करने से उस विशेष मंत्र को २१ दिने में सिद्धि होती है।

१२. क्लेश निवारण प्रयोग :

एक बार दत्त वज्र कवच का पाठ करके दस बार दत्तमाला मंत्र का जप करे ऐसा निरंतर ३ माह तक करने से सभी प्रकार के क्लेश का नाश होता है.

१३. नवग्रह तथा पूर्व जन्म कर्म निवारण प्रयोग :

दत्तमाला मंत्र का हर रोज ५१ बार पाठ करके १० बार दत्त वज्र कवच का पाठ करना चाहिए। ऐसा करने से पूर्व जन्म के और गृह दोषो के बजह से उत्प्पन्न सभी रोग और दुखो का विनाश होता है।

१४. शत्रु निवारण तथा बाधा निवारण प्रयोग :

गूलर के वृक्ष के निचे बैठकर दक्षिण के और मुख करके १०१ बार दत्तमाला मंत्र का जप और बाद में २१ बार दत्त वज्र कवच का पाठ लगातार ३० दिनों तक करने से बाह्य शत्रु द्वारा या तंत्र द्वारा जो परेशानी है वो समूल नष्ट हो जाती है और सभी प्रकार के अरिष्टों का निवारण होकर साधक को भगवन दत्तात्रय के स्वप्न में दर्शन होते है।

१५. आर्थिक उन्नति तथा अमोघ लक्ष्मी प्राप्ति :

किसी भी शुभ स्थान तथा देवालय में बैठकर प्रति दिन ११ पाठ वज्र कवच के करे और दत्त यंत्र सामने रखते हुए श्याम वर्ण वाले दत्तात्रय जी का ध्यान करते हुए जो साधक दत्तमाला मंत्र का १ माला का ३ माह तक जप करता है उसे कभी भी दारिद्रय परेशान नहीं करता उसपर हमेशा लक्ष्मी जी की कृपा रहती है।

१६. लंबे आयु की प्राप्ति तथा अपमृत्यु निवारण प्रयोग

पीपल के वृक्ष के निचे बैठकर या धीरे धीरे प्रदक्षिणा करते हुए वज्र कवच का ११ बार पाठ ३० दिनों तक करे और साथ में दत्तमाला मंत्र में पाश बीज लगाकर ३

माला जप ३० दिनों तक करने से सभी प्रकार से आयु वृद्धि तथा अपमृत्यु आदि समस्याओं का निवारण होता है। इसमें कोई संदेह नहीं।

१७. विप्पति तथा महारोग निवारण प्रयोग :

रात्रि काल में किसी सिद्ध स्थान पर जलाशय में चाँद को देखते हुए दत्तात्रय वज्र कवच का लगातार १०० बार पाठ करने से सभी प्रकार के ज्वर कुष्ठ और गंभीर महामारी का तुरंत नाश हो जाता है। साथ में इसी प्रयोग से अचानक आने वाली विप्पतियों का निवारण भी हो जाता है।

१८.दुर्भाग्य निवारण तथा दैवीय साक्षात्कार प्राप्ति प्रयोग :

सबसे पहले साधक ने शुद्ध होकर पूर्व जन्म के पाप नाश का संकल्प लेना चाहिए इसके बाद एकाक्षरी दत्तात्रय बीजमंत्र का २१ दिनों तक रोज २१ माला का अनुष्ठान करना चाहिए।इसके बाद दत्तात्रय वज्र कवच का पाठ ७ दिन रोज २१ बार करना चाहिए। षोडाक्षरी दत्तात्रय मंत्र का जप अगले ७ दिन १६ माला करके आखिर में ११ दिनों तक दत्तमाला मंत्र का अंकुश बीज के साथ जप करने से साधक को दैवीय साक्षात्कार की प्राप्ति होती है।

१९.सर्व सिद्धि दायक प्रयोग :

अपने आसन पर बैठकर दत्तात्रय जी के हास्यमुख की मूर्ति का तथा जिनके हाथ में त्रिशूल है दूसरे हाथ में अंकुश है और जिनके पेर में दिव्य सुवर्ण पादुकाएं है जो आपको आशीर्वाद दे रहे है और जो वर्ण में नील रंग के है ऐसा भ्रूमध्य में दत्तात्रय जी का ध्यान स्थिर करके उनके ओर देखते हुए दत्तमाला मंत्र का ४४ दिनों तक रोज ११ माला जप करते है उन्हें अनेक दिव्य सिद्धियाँ प्राप्त होती है और उनका तृतीय नेत्र अपने आप ही जागृत होने लगता है। साधक ने इस प्रयोग को निसंदेह ही गुप्त रखना चाहिए।

२०.दत्त साक्षात्कार प्रयोग :

शुद्ध अंतःकरण से जो साधक ध्यान मुद्रा प्राणायाम और संकल्प के द्वारा ५१ हजार दत्तमाला मंत्र के वर्ण ध्यान के माध्यम से उपवास में रहकर रेशम वस्त्र को धारण करते हुए सभी याम नियमो का पालन करके जप पूर्ण करते है उन साधको को अवश्यम्भावी दत्तात्रय जी का साक्षात्कार होता है।

२१.दिव्य प्रयोग :

जो साधक चाहते है की दत्तमाला मंत्र का वो असल में अनुभव ले उन सभी साधको ने सम्पूर्ण भाव शुद्धि के साथ दत्तयंत्र के सामने बैठकर पहले एकाक्षरी बीज मंत्र का गुरु से उपदेश लेकर साधना करनी चाहिए उसकेबाद षोडशाक्षरी मंत्र तथा दत्तकल्प के अनुसार वज्र कवच की साधना करनी चाहिए और आखिर में गुरु

के द्वारा दीक्षा पूर्वक दत्तमाला मंत्र की साधना चन्दन की माला पर रेशम वस्त्र के ऊपर बैठकर गुरु कृपा के माध्यम से करने से दत्तमाला मंत्र केवल सिद्ध ही नहीं होता अपितु जैसे दत्तमाला मंत्र में दिया है वैसे सर्व यन्त्र सर्व तंत्र तथा सर्व योग की सिद्धि सड़को को निसंदेह प्राप्त तो होती ही है लेकिन आगे चलके साधक दत्त स्वरुप में ही विलीन हो जाता है। यही दत्तमाला मंत्र की अनोखी शक्ति है। यही इस मंत्र की विशेष विधि है जो एक साधक को दत्त स्वरुप बनाती है और यही साधक को सात्विक ज्ञान भूमि का प्रदान करते हुए साधक को ब्रह्म साक्षात्कार कराती है।

अनेक सालो के साधना काल में जिन अनेक महात्माओं के दर्शन तथा कृपा का साक्षात्कार हमें हुवा उन शक्तिशाली महात्माओं के माध्यम से जो दत्तमाला मंत्र के दिव्य प्रयोग का हमें ज्ञान प्राप्त हुवा वो हमने यहाँ पर सरल भाषा में देने का कार्य गुरुकृपा से और गुरुआज्ञा से हमने किया है। जो साधक अपने जिज्ञासा और विश्वास के अनुसार इसका अनुभव लेना चाहते है उन सभी साधको ने इन प्रयोगों का योग्य ज्ञान प्राप्त करके अनुभव जरूर लेना चाहिए। इस सब ज्ञान का प्रगटीकरण हो रहा है, ये केवल गुरुकृपा और गुरुसंकल्प का ही परिणाम है। इसके साथ भी जो ज्ञान हमें गुरुकृपा से प्राप्त हुवा वो उनके ही चरणों में समर्पित करते हुए इस लेखन कार्य का समापन करते है।

।।अवधूत चिंतन श्री गुरुदेव दत्त।।

www.ingramcontent.com/pod-product-compliance
Lightning Source LLC
LaVergne TN
LVHW090335210926
848480LV00004B/1420
* 9 7 9 8 9 0 4 5 1 7 2 5 0 *